U0941231

温暖特区三十年

深圳电网的前世今生

主编▼广东电网公司深圳供电局

南方日报出版社
NANFANG DAILY PRESS
中国·广州

图书在版编目（CIP）数据

温暖特区三十年 ：深圳电网的前世今生 / 广东电网公司深圳供电局主编. -- 广州 ：南方日报出版社，2010.12
ISBN 978-7-80652-882-2

Ⅰ. ①温… Ⅱ. ①广… Ⅲ. ①电力工业－工业企业－成就－深圳市 Ⅳ. ①F426.61

中国版本图书馆CIP数据核字(2010)第236451号

温暖特区三十年—— 深圳电网的前世今生

广东电网公司深圳供电局 主编

出版发行：南方日报出版社
地　　址：广州市广州大道中 289 号
电　　话：（020）87373998-8502
经　　销：全国新华书店
印　　刷：佛山市浩文彩色印刷有限公司
开　　本：889mm×1194mm　1/32
印　　张：4
字　　数：80 千字
版　　次：2010 年 12 月第 1 版
印　　次：2010 年 12 月第 1 次印刷
定　　价：16.00 元

投稿热线：（020）87373998-8503　读者热线：（020）87373998-8502

网址：http://nf.nfdaily.cn/press/

顾　问：金基民　林火华

策　划：牟宗平

主　编：符晓洪

副主编：饶赦哉　高　泓

编　辑：陈　洁　许飞龙　刘振宗　朱婷婷

目录

前言

莲花山上，小平塑像静静地凝视着前方。每到夜晚，他脚下这片当年划圈的土地就灯火通明，映红了天空。而30年前，这块土地仅仅是一个边陲小镇，夜幕下渔火闪烁，星灯难辨。这是深圳蝶变最直观的折射。

当人们在咏叹蛇口的“开山第一炮”，回忆“中国土地第一拍”，眺望占据国内第一高楼位置多年的国贸和地王时，也许有一个无名英雄常常被忽略了。他就是电力！

30年，电力与特区同成长，一起创造了举世震惊的“深圳速度”。

30年，电力与特区共命运，创造了30多个“全国第一”。

30年，电力与特区风雨同舟、休戚相关。

未来30年，在科学发展的道路上，电力已在智能电网、低碳城市领域埋头前行。

第一章 蹒跚起步

深圳：90年灯火　30年辉煌

深圳最早什么时候开始用电？第一缕灯光何时亮起？第一座变电站什么时候建成？深圳灯火已经历了90余年历史，而近30年来是其以“深圳速度”发展的辉煌时期。

溯至20世纪20年代，电力已开始进入宝安，当时的宝光电灯公司，仅一台燃油发电机，供南头镇大新街照明用电。新中国成立后，1951年5月，南头电厂投运发电，原动机为112马力柴油机，发电机容量75千瓦，供县城、墟镇、街道照明及农副产品加工用电。尔后曾建起两家私人资本开办的小型电厂，供东门路、人民路、解放路一带照明。

当时住在东门老街一带的刘小戈还清晰地记得：“每到晚上7：30—9：30，电厂开始发电，东门老街一带灯火通明，各种小摊贩都来摆街，好不热闹，但也就两个小时。”这与仅一街之隔的深南路形成了鲜明对比：“入夜深南路从解放路口往西就是一片漆黑了，大街上几乎没有人走。”

而真正意义上的深圳电网起步，则是在1965年8月，宝安县有史以来第一座35千伏乌石岩变电站的建成投产，首条输电线路东莞塘厦至乌石岩落成送电，全长24公里。这意味着，深圳告别了小发电机时代，而有了真正意义上的变电站。

“那时的深圳电网，只能用小和弱来形容，”线路高工林日清告诉记者，“市民对‘有电用’的企盼是那么强烈，乃至于1986年220千伏水贝变电站（时称深圳变电站）建成投运，水贝站一度成为了当地标志性建筑，甚至连公交站牌都直接以变电站命名。”

据统计，截至1979年深圳建市，仅有110千伏变电站1座，35千伏变电站3座，最高年份年供电量仅3635万千瓦时。而谁又能想到30年后，深圳变成全国第四大用电城市，拥有500千伏变电站4座，110千伏变电站128座，220千伏变电站28座，供电负荷超千万千瓦，供电量超550亿千瓦时。这样的电网发展速度在世界上绝无仅有，堪称“深圳速度”、“深圳现象”。

□深圳第一座变电站——乌石岩变电站旧貌。

深圳30年用电量

“一个跟头翻了两千多倍”

如果说城市用电量水平代表着当地经济发展水平和富裕程度，那么回顾深圳改革开放30年来用电量的增长，可谓“一个跟头翻了两千多倍”，成为深圳经济飞速发展的最好印证。

据史料证实，深圳市境内的用电历史，可上溯到1935年之前。从有电开始至1949年，深圳的用电属于纯照明用电，仅在当时的宝安县县城南头镇以及深圳镇，供部分区域照明。据统计，1965年，宝安县全社会用电量为15.73万千瓦时，当时人口26万人，人均年用电量只有0.6千瓦时；至1979年，全县全社会用电量也只有2727万千瓦时，人均年用电量仅86.82千瓦时，在广东全省充其量也只能处在中下水平。

深圳的社会用电量，以深圳特区建立为分水岭，前后反差极大。深圳特区建立初期，深圳并无大规模的电源建设，所需电力主要由广东省大电网供给。因为电力紧缺，从20世纪70年代起，为将有限电力更多地用在经济建设上面，广东在全省开展“三电”（计划用电、节约用电、群众用电）工作，1982年群众用电更改为安全用电，原宝安县设立了“三电”办公室，逐步建立起“三电”工作制度，负责全县“三电”宣传教育和管理。用电结构也从纯照明用电发展至工业用电、农业用电、市政生活用电。

随着经济建设的全面铺开和快速发展，社会用电量高速增长。1982年全市社会用电量突破1亿千瓦时大关。从1980年至2009年，全市用电量年平均增长速度超过了30%，2009年增加至568.03亿千瓦时，人均年用电量达6478.22千瓦时，分别为1979年的2082倍和74.6倍，成为了广东省第一、全国第四大用电城市。在用电量增长的同时，深圳的用电类别也开始不断丰富。

按照国家关于国民经济行业分类有关规定，1985年以前，社会用电由农村用电、工业用电、交通运输用电和市政生活用电四部分构成。1986年及以后，用电分类由四大类改为八大类，分别为：农林牧副渔水利、工业、地质普查勘探业、建筑业、交通运输和邮电通讯、商业饮食物资供销和仓储业、其他事业、城乡居民生活用电。2005年以后，深圳用电分类又有新的调整，分为九大类，分别是：农林牧渔、工业、建筑业、交通运输仓储邮政、信息传输计算机服务和软件业、商业住宿和餐饮业、金融房地产商务及居民服务业、公共事业及管理组织、城乡居民生活用电。按目前深圳电力消费结构看，工业用电和居民用电是最主要的组成部分。

从自购电表到供电局统一配置

深圳精益求精
打造电能计量“这杆秤”

电表是电能计量的一杆秤，电表的准确与否直接决定了用户电费的准确与否。

在19世纪60年代，当时人们用电，一般是自己购买电度表，自己安装。装表装线时错装、错接导致电度表烧坏、停行、反转等现象时有发生，而且往往得不到及时处理。表记不合格的现象也不在少数，根本谈不上准确，更谈不上电度表的校验、加封等程序，计量管理较为混乱。

1982年开始，深圳供电局开展了电表计量整顿，成立专门的电表装拆班和电表校验班，在沙头角镇进行现场校表工作，全年修理校验各种电度表8900只。到1983年1月，深圳供电局又在罗湖区螺岭、教育新村、翠园街实行用电管理包干试点。包干的主要内容是实行“四包”，即包线损、包监察、包抄收电费、包装拆表，超额完成任务则可以得到一定奖励。同年，为了配合整顿用电秩序及取消居民用电包费制的实施，深圳供电局开始以单位或一个院子、一幢宿舍为单元装设一组计费总表。

1993年，深圳供电局成立了专门的电能计量所，负责全局计量装置的管理和用户计量表计的管理，管理方式从分散走向集中。同年，用户表计由供电局统一购买、校验和配备，不再使用用户自购的表计，将用户计量电量表统一规范进来。电能计量所取得了广东省技术监督局的授权，成为当时深圳市唯一一家电能计量校验的权威机构。深圳的电能计量开始朝着科学管理的方向发展。

进入新世纪以来，深圳的电能计量技术有了新的飞跃，大用户电力负荷管理系统、预付费售电系统、低压集中抄表系统与红外抄表技术的推广应用，提高了电能计量的信息化管理手段，更大幅减少了电度表的抄表、数据录入和维护等工作，有效提高了工作效率。

深圳电网曾被分为城区和乡村两种配电网络

早在20世纪60年代，深圳的电网一度被区分为城区配电网和乡村配电网，在深圳撤县设市之后，随着城乡共同快速发展，电网也迎来了近40年的扩建及旧电网整治改造的历程。直到2000年底，深圳市农网改造项目全部完成，从此实现了城乡用电的同网同价。

农网和城网的转变

原宝安县拥有电力设施的少数几个墟镇，一般都是由各镇小型火力发电机组自发自供，当时各镇之间的低压网络并没有连通，更加没有城网与农网的界定。1965年8月，原宝安县首座35千伏变电站——乌石岩站建成，省、地大电网的电力开始以较高电压等级、较大容量进入深圳。当时，宝安县供电公司管辖的10千伏线路及以下电压等级的低压网络被界定为“城网”，由各公社（场）供电所管辖的线路则统称为“农网”。

深圳撤县设市之后，随着深圳供电局的成立，深圳配电网络城网与农网的界定，与当年已有很大的区别。2005年12月前，深圳供电局共设立了5个供电公司和1个农电总公司，负责全市6个行政区的配电业务管理。其中深圳经济特区及宝安供电公司、龙岗供电公司管辖范围之内的配电网络统称为城网；其余各镇由农电总公司管辖的范围则界定为农网，或称为乡村配电网。

2005年12月，深圳供电局取消城网、农网的区分，按照行政区域划分设置了6个局属区供电局，各区供电局统一管理辖区内的供用电业务。

2000年已实现城乡用电同网同价

深圳建市前的农村电网，设备简陋，网架结构也非常脆弱，电压质量、供电可靠率非常低下。深圳经济特区成立以来，改革春风渐吹，港资外企、内联企业纷纷抢滩深圳，特区外乡镇企业也迅速崛起，用电需求急速上升。农网扩建增建各种等级变电站，同时还加强了10千伏及以下电压等级的农网设施建设，经过艰苦努力，克服重重困难，农网改造中的主要问题已经逐步解决。

1998年，针对农村电价普遍过高，中共中央和国务院作出用三年左右时间，通过改革管理体制，最终实现城乡用同网同价的决策。深圳作为改革开放的窗口，从1996年就着手整顿农电管理体制，1998年，深圳市已经顺利完成了农村用电管理“中间层”的接管工作。

到1999年12月16日，深圳属农网范畴的16个镇农电公司全部改制为深圳供电局的直属供电所，到2000年底，深圳农网改造项目全部完成，并在全国率先提前两年实现了城乡用电同网同价的目标。

从人民公社供电站到取消城农网区分

从人民公社供电站到全面取消城市电网、农村电网的区分，深圳农村电网改革经历了40年的发展道路。

20世纪60年代初期，在中国农村曾兴起过农业电气化运动，原宝安县农村能用上电的小部分公社，如原深圳镇郊的附城公社和松岗公社等，均陆续设立供电站，对所辖供电范围内的村、镇居民的生活照明、水利排灌、小型农副产品加工及农机具维修等用电，进行简单的营配管理。

1965年8月，原宝安县供电公司成立后，农村用电管理逐步过渡到县、公社、村三级管理体制。镇供电所（站）属集体所有制企业，由镇政府的农工商部门管辖。供电所实行以电养电、独立核算、自负盈亏的经营方式，主要经济来源一是电费提成，二是工程收入。

1984年，深圳决定在经济特区外恢复宝安县建制，成为市辖县。为适应地方行政区划的变化，加强宝安县农电管理，深圳供电局设立宝安供电局，统一负责宝安全县的农电管理，在体制上仍实行县、镇、村三级管理。在80年代，深圳的农网设施及农村供电量均有相当的规模，各镇供电所的人员和供用电业务量也不断增加，员工人数也从原来的两三人发展到20至35人不等。

1992年，深圳市人民政府报请广东省人民政府批准，决定撤销宝安县建制，在深圳经济特区外改设宝安和龙岗两个市辖区。为与这种变化相适应，1993年，深圳供电局对宝安、龙岗两区的供用电管理机构进行调整，设立深圳市农电总公司，全面负责深圳农电的管理工作，包括宝安、龙岗两区（区政府所在地新安镇、龙岗镇除外）10千伏及以下农网设施的日常维护、定期检修试验、事故处理、更新改造、电力营销等。

进入新世纪，为适应深圳经济建设和发展的需要，深圳市加快了农村城市化改造的步伐。2005年，深圳市决定在宝安、龙岗两辖区内撤销镇一级建制，改设街道办事处。为适应这一变化，同年12月，深圳供电局决定取消深圳电网城网与农网的区分，并对内部管理机构重新整合，撤销深圳农电总公司，另行在深圳市6个市辖区内设置6个区域供电局。其中，宝安供电局、龙岗供电局按照所辖区域设置若干供电所，由各供电所负责原各镇农电公司的供用电业务。

地方电厂兴起
巩固深圳用电稳定

与始终担负着深圳电力生命线的省网电力相比，在历史用电紧张期发展起来的小水电、中小型燃油电厂、燃煤电厂，也为保障深圳地方用电起着举足轻重的作用。

燃煤电厂始于80年代

深圳地方燃煤（燃气）电厂有4家，均为大型发电厂，它们是深圳沙角B电厂、东部电厂、妈湾电厂和西部电厂。

其中最早建成的沙角B电厂，其厂址位于东莞市虎门镇沙角，濒临珠江入海口，南距深圳约70千米，是深圳最早利用外资、以所谓“BOT”（建设、营运、移交）方式深港合作建设和经营的大型电厂，于1984年9月28日动工，1985年7月完成开山填海场地开拓，主厂房土建施工随即开始，1986年4月11日进入机电设备安装，1987年4月22日、7月22日，1号、2号发电机组分别并网发电，到2006年，该厂发电装机容量就达到了70万千瓦，年发电量44.72亿千瓦时。

燃油电厂走入绿色环保

1990年以后，深圳曾先后兴建了15间燃油电厂，总装机容量达322.80万千瓦。为提高中小型燃油电厂的发电效率，减少有害气体的排放，并能更好地满足电网调峰的需要，2000年开始，着手对地方燃油电厂小型发电机组进行“以大化小”改造，一批较大容量的燃气轮机联合循环机组相继投产。

另外，还先后建设投运了8家以燃烧生产、生活垃圾和沼气为主的绿色环保电厂。这些机组和电厂的投运，为深圳增添了新的能源。不过，在国际油价攀升的情况之下，不少燃油电厂相继停业，至2007年，深圳地区仅存8家燃油电厂，这些电厂加上另8家环保电厂，总装机容量为282.333万千瓦。

地方小水电70年代走入建设高峰

除了燃油燃煤电厂的发展，进入70年代的深圳，小水电建设也进入高峰期。1970年至1978年9年间，原宝安县先后建成了11座小水电站，进入80年代，小水电建设势头未减，1980年到1986年间又先后建成了10座水电站。至此，在深圳小水电建设史上，先后建成了24座小水电站（含二级站），累计发电装机容量10500千瓦。

不过，随着深圳建市后，土地被大片开发，原来植被遭到较大破坏，大部分水电站陆续停止或退出运行。至2007年，深圳仍在运行的水电站有4座，它们是：三洲田一级站，汤坑站，红花岭站和碧岭站。

深圳电源从“地方军”到“正规军”

从小作坊式的自发自供，到引入省网电源，再到兴建燃油电厂——深圳电力，不同时期，来源各异。

1965年以前，原宝安县只有少数几个墟镇有照明和农副加工用电，电源来自各墟镇的小柴油发电机组，自发自供。省网电力从1964年开始进入深圳，但当时并未成为深圳的主要电源。同年9月，与东莞市接壤的原宝安县松岗公社，以10千伏配电线路从邻近的东莞长安公社引入省网电源，成为深圳最早用上省网电源的公社。

省网电力真正成为深圳的主要电源，是在1965年8月以后。原宝安县是广东省的主要产粮县之一。宝安县西片的松岗、公明、福永、沙井、西乡、南头等公社地处珠江入海口，地势平坦，土地肥沃，堪称宝安县的粮仓。为解决宝安县产粮区的电动排灌问题，1963年，当时县水电局着手组建宝安县供电公司，并策划35千伏乌石岩变电站的建设。

乌石岩变电站从东莞塘厦变电站引入省网电源，于1965年8月2日投入运行，这是省网电力进入深圳的第二条通道。翌年8月，南头至深圳10千伏输电线路建成，省网电力通过乌石岩变电站至南头10千伏线路T接进入深圳镇。

稍后，原宝安县县办、装机容量最大的电厂——宝安人民电力厂停止发电，省网电力开始成为深圳的主要电源。

十一届三中全会以后，广东率先实行对外开放、对内搞活经济的方针政策，省网的发电能力已远远无法适应经济发展的需要。同时，对外开放政策也为放开电源市场提供了政策依据。在这样的历史背景下，深圳地方燃油电厂应运而生。这批燃油电厂的兴建，对于缓和当时广东的电力供应，改善深圳的投资环境，促进深圳的经济发展，无疑起到了重要的作用。

深圳自20世纪90年代中期经历过严重缺电之后，为提高中小型燃油电厂的发电效率，减少有害气体的排放，从2000年开始，深圳开始着手对地方燃油电厂小型发电机组进行“以大化小”改造，此外，还先后建设投运了8家以燃烧生产、生活垃圾和沼气为主的绿色环保电厂。这些机组和电厂的投运，为深圳增添了新的能源。

省网电力如何成为深圳用电“生命线”

深圳电力供应历经小柴油发电机组自给自足的时期，到省网电力源源不断输入，再到地方燃油电厂兴起及核电建设给予强大电力保障，其间的1965年到1987年，省网电力更是一度成为深圳人民用电的主要来源。

最初仅靠柴油发电

原宝安县是广东省的主要产粮县之一。宝安县西片的松岗、公明、福永、沙井、西乡、南头等公社地处珠江入海口，地势平坦，土地肥沃，堪称宝安县的粮仓。为解决宝安县产粮区的电动排灌问题，1963年，当时县水电局着手组建宝安县供电公司，并策划35千伏乌石岩变电站的建设。

1965年以前，原宝安县只有少数几个墟镇有照明和农副加工用电，电源来自各墟镇的小柴油发电机组，自发自供。从1964年开始，省网电力就开始进入深圳，但当时并未成为深圳的主要电源。

同年9月，与东莞市接壤的原宝安县松岗公社，以10千伏配电线路从邻近的东莞长安公社引入省网电源，成为深圳最早用上省网电源的公社。

省网电力成为主要电源

省网电力真正成为深圳的主要电源，是在1965年8月以后。

1965年8月2日乌石岩变电站投入运行，从东莞塘厦变电站引入省网电源，这是省网电力进入深圳的第二条通道。翌年8月，南头至深圳10千伏输电线路建成，省网电力通过乌石岩变电站至南头10千伏线路T接进入深圳镇。

稍后，原宝安县县办、装机容量最大的电厂——宝安人民电力厂停止发电，省网电力开始成为深圳的主要电源。

80年代后地方电网“异军突起”

从1965年开始至1987年，深圳曾有一个小水电的发展时期，也曾一度购入港电，以用电指标的方式统一分配，但省网电仍是深圳的主要电源。

进入80年代中期以后，广东经济全面腾飞，在用电需求激增，供求关系日趋紧张的情势下，从1984年开始，缺电局面日益严重。深圳电源出现了新的变化，小水电陆续关闭，应急中小型燃油电厂再度兴起，深圳自行兴建大型火力发电厂，并开始发展核电。逐渐地，地方电异军突起，与省网电一起，开始成为深圳电力的主要来源。

20年！
深圳架空电线入地变电缆

城市上空架空线路星罗密布，既占用空间、影响市容，又容易遭到台风袭击。作为改革发展的前沿城市，深圳经历了20年的努力，终于将架空电网入地转变为电缆。

自20世纪30年代深圳出现电力事业以来至1964年，深圳城市电网仅有两回10千伏的配电线路：一回是由当时宝安县人民电厂输往县磷肥厂的线路，另一回是从南头大冲至深圳镇的10千伏线路。到深圳建市之前，宝安县全县只有10千伏线路400余千米，且全部线路均为架空线路，所采用的电线杆塔制作工艺简单，一般采用现场浇铸的方形水泥杆，少部分采用花岗石制作的方形石柱或现在普遍用于路灯的圆形钢管。

在深圳撤县建市后，城市配电网络的建设经历了两个明显不同的发展阶段，即建市后至1984年为一个阶段，1985年后为另一个发展阶段。在1980年以前，深圳配电网有很多缺陷，主要有：电源单一，城区（主要指当时的罗湖、上步两个小区）用电唯一的来源就是水贝110千伏变电站；10千伏配电线路电线杆杆距过大，普遍在100米左右，个别甚至到了200米；线路与线路之间间距过小，普遍不足1.2米，极易造成短路；配网线路线径过小，而且大部分线路无钢芯，容易断线。深圳又靠近海边，一到夏季台风很多，在风力大的环境中，极易引发倒杆事故。

在广东省电力局和深圳各级政府的大力支持下，从1980年开始，深圳加大了电网扩建和对旧电网的整治改造力度。至1984年，经过几年的整改，深圳城市配电网基本适应了当时深圳基础建设的用电需求。

1985年以后，深圳城市配电网建设朝着两个方向发展：一是配电线路电缆化；二是接线方式环网化。深圳市配电线路从架空线变电缆，走过了一条漫长的路。深圳的配网电缆化最初从罗湖、上步两地的高层商住区、工业区开始，逐步向新城区延伸。从80年代中期开始，深圳对城区内新建的永久用电10千伏配电线路不再架空，全部采用电缆；对原有架空线路逐步进行电缆化改造；对旧老城区以及城中村的原有架空线路，则结合旧城以及农村城市化改造逐步拆除更换成电缆。

与此同时，深圳还进一步限制了旧架空线路的发展，除临时施工用电外，对旧架空线路实行不再接入新用户、新用户改接电缆环网的措施。经过20多年的不懈努力，特区内罗湖、福田、南山、盐田以及特区外的宝城、龙城，电缆化率均达到了90%以上的水平，几乎全部实现了由电缆线路供电，从而形成了以电缆为主的配电网络。

从人工到自动
深圳电网调度“秒杀”故障

哪条线路发生故障，深圳供电局的调度自动化系统上都有即时反应，并可在秒级单位以下自动完成隔离故障和调整运行方式的操作。站在深圳供电局的电力调度通信中心，由260万个点组成的LED大屏幕，精确地再现着深圳区域内每一个变电站、线路的运行状况。谁也无法想象，最初的深圳电网调度仅由一个简陋的办公室和两名值班员组成。

1965年，原宝安县供电公司成立以后，深圳开始有电网调度。当时调度设备非常简陋，调度室内仅装备两台市话机，调度指挥依靠挂长途电话与各变电站联系，除运行记录本和电网负荷日志外，一无所有，甚至没有一张电网系统图。深圳建市以后，深圳电网调度属于初创阶段，人员紧缺，全市共有5个值班点，工作非常分散，仅能应付日常事务。

1986年初，在参考了华北、华中、华东等电网调度自动化建设情况的基础上，深圳供电局着手实施调度自动化计划，选择依靠高科技手段解决电网运行维护管理问题。俗语说万事开头难。由于首次引进高科技的电网调度自动化系统，在国内尚无经验可循，如何完全掌握该系统的安装、调试和应用等各项技术，千头万绪，困难重重。调度自动化是一项复杂的系统工程，它要求使用者既懂电力，又懂计算机，还要懂英文。在当时，满足以上条件的人是少之又少。

当时，从事电网调度的人员英语普遍较差，而引进设备的资料全是英文版本。面对困难，调度员加班加点，努力钻研，虚心求教，攻克了一个又一个难关，外语水平也有较大提高。至1987年，调度自动化分部通过中级英语水平考试的，就占了人数的70%。随着电网调度自动化的发展，“千年虫”问题逐渐成为了威胁深圳电网安全运行的不稳定因子。1998年8月，深圳供电局开始进行调度自动化系统千年虫问题测试，评估Y2K对电网可能造成的影响，寻找解决安全过渡新千年的办法。经过反复测试，技术人员发现了不少问题，并对软硬件作了大量的修改和更新换代。1999年9月9日、12月31日和2000年1月1日、2月28日，深圳电网调度经受了多次高危时间点的考验，自动化系统顺利过渡到新千年。

35千伏线路的兴起与消亡

深圳输电线路建设的序幕是由首条35千伏线路的投运拉开的，而深圳电网的大飞跃也是从逐步淘汰35千伏线路开始的。可以说，在深圳，35千伏线路的兴起与消亡，见证着深圳电网的两次大发展。

1965年8月，深圳建成了有史以来的第一条35千伏电压等级的输电线路——塘（厦）乌（石岩）线。随后，深圳输电线路的建设，大致经历了两个大规模的发展时期以35千伏线路为主的输电网络建设时期和逐步淘汰35千伏电压等级，转而发展500千伏、220千伏、110千伏三个电压等级输电网络的建设时期。从深圳首条35千伏输电线路投运至1984年这20年间，35千伏电压成了深圳电网的主网电压。

新中国成立后，深圳因被列为边防禁区，工业基础非常薄弱，虽然成立经济特区后工业门类快速拓展，但也多为来料加工型的小企业，35千伏电压已能基本维持全市供求平衡。在深圳电力建设筹集资金相当困难的情况下，35千伏输变电设施具有投资少、工期短、见效快等优点，因此着重发展35千伏电压等级的输变电设施就成了在当时经济环境下较为恰当的抉择。

从1985年开始，深圳进入了大发展时期。光在特区内就建成了蛇口、上步、八卦岭等工业小区，以及以罗湖小区为代表的商业区和居民住宅区，市区面积已涵盖罗湖、上步两地，除继续发展市中心区外，福田、南头、盐田、莲塘、沙头角等地域相继进入了规模宏大的开发，经济建设如火如荼。

就在此时，深圳遭遇了前所未有的缺电期，电力成为了制约经济发展的重要因素。原有的35千伏线路由于容量有限、输电距离长而显得力不从心。有压力就有动力。为确保广东经济持续发展，大力加强电力建设急切地摆上了全省各级领导的重要议事日程。

在1984年制定的《1985—1994深圳市电力系统建设规划》中，标明深圳在城市建设规划中曾有设想，从1984年起在全市范围内不再规划建设35千伏输变电设施。一开始，该规划只在当时负荷密集、用地紧张的市区内（罗湖、上步一带）得以贯彻实施，而在特区的东西两翼仍有少量的35千伏输变电设施在建设。经过多年的艰苦努力，至1999年，深圳电网已在全市范围内全部淘汰了35千伏这一电压等级，从而形成了500千伏、220千伏、110千伏三个电压等级的输变电网络，实现了简化电压等级，减少损耗、提高供电可靠率的目的。

第二章 风云变幻

十年升三级　全省又领跑

1979年以来，改革开放的春风吹遍神州大地。当时作为深圳供电局前身的宝安县供电公司，是惠阳地区供电公司的下属机构，整个公司也就是二三十个人，全是当地人。宝安县供电公司当时还是一个趸售县供电单位。深圳的电由惠阳负责供应。

1980年深圳建立特区，同年8月，深圳供电局才在原宝安县供电局的基础上挂牌成立，当时叫深圳市供电公司，位于现在的人民桥附近。据深圳供电局一些老同志回忆，当时领导和员工住的都是铁皮房，办公楼也是一个小楼。

深圳的电力工业与深圳的其他各行各业一样，在改革开放以后得到了调整发展。从1979年到1990年，深圳供电局的行政级别10年间连升三级，深圳供电局的地位越来越高。此“连升三级”经过为：1979年的宝安县供电公司相当于县科级，1979年深圳供电公司挂牌后就调整为副处级单位；1982年随着深圳市的升格调整为正处级单位，1989年深圳市第二次升格，深圳供电局再次提升为副厅级单位。

经历过“三级跳”的华丽转身后，作为副厅级单位的深圳供电局，把日后工作努力方向瞄向了“全城同网同价”。据了解，20世纪七八十年代，当时深圳下面有很多

□如今，深圳华强北，一入夜灯光璀璨，人流如鲫。

镇，现在改成街道办了。那时的电网分城网和农网两种，凡是叫镇的那些地方都属于农网，由镇成立一个农电公司，负责一些线路、收费等。当时供电局也成立了农电总公司，在业务上，农电总公司对各个镇的农电公司进行指导，但在人员的调配上以及财政上都没有关系。1999年，深圳城网接收农网，在全省第一个实现了全城同网同价。

粤港电网30年血脉相连

深圳地处南海之滨，毗邻香港，这特别的地理位置也决定着电力紧缺之时，港电的支援可直接缓解电力供应紧张。20世纪70年代开始，从香港购进电力，在深圳就地转供，港电曾经成为深圳的电源之一。

两地“联姻”源于20世纪70年代

深圳电网与香港电网相联，很大程度上是深港经济互通的需要。深港联网的真正起步是改革开放以后，当时香港电力有富余，而深圳因为特区建设热火朝天，连续多年用电量都以平均37%的增幅往上蹿，深港联网势在必行。

据史料记载，1979年3月，广东电网与香港九龙电网联网，那时候广东省开始向香港中华电力有限公司购入电力，省电力工业局将购进的港电作为省网统配电量的组成部分，按用电指标统一分配。

深圳增购港电缓解缺电局面

1990年，深圳进入高速发展时期，缺电局势更趋严重。据《深圳电力工业志》记载，深圳曾向省经委请示，提出由深圳增购港电的要求。经省经委批复，同意深圳向香港增购电量，但仍须以省电力局名义统一购电，增购部分不占用分配给深圳的用电指标。当年7月，深圳正式开始从香港增购电量。

□工程兵沿着香港边防线敷设电缆。

另外，经过国务院和广东省政府的批准，1985年11月，蛇口工业区与香港中华电力公司签订购电合同，翌年11月，香港中电开始直接向蛇口工业区送电。

粤港联网互相支持

粤港联网之后，两个电网紧密相连，彼此依托。联网初期，在广东电网发电装机容量不足、电网结构薄弱的情况下，港电有力地支援了广东。

随着广东电力事业的发展，深港联网也早已由当年香港的“电力富余”，发展成为双方电力的互惠互助了。从1996年开始，广东电网（蛇口工业区除外）已不再从香港购入电力，相反，由广东向香港输送电力。据统计，到1998年底，广东输香港电量共计390.30亿千瓦时。

然而近年来，深圳经济发展迅猛，电力供应紧张局面再现。深圳供电局继续通过省公司争取港电支援，直接解决了罗湖、福田、南山等中心城区15万—20万千瓦的瓶颈限制。

粤港电网联　深港卅年情

深圳电网与香港电网相联，很大程度上是深港经济互通的需要。20世纪80年代前，深圳还属于惠州，香港还在英国统治下，根本是两个概念，联网是大家都不敢想的事情。深港联网的真正起步是改革开放以后，当时香港电力有富余，而深圳因为特区建设热火朝天，连续多年用电量都以平均37%的增幅往上蹿，这时大家开始考虑深港联网的可行性。

据《深圳电力工业志》记载，1979年，粤港联网工程启动，一期工程内容包括：从香港新界粉岭变电站架设双回66千伏输电线路至深圳水贝110千伏站，并在水贝变电站安装一台5万千伏安变压器升压至110千伏接入广东电网。粤港联网初期，深港双方还专门成立了粤港联网指挥部，从罗湖水贝开始，梅林、南山片区电网陆续与香港电网相联，直至今天，深港联网线路已增加至9条。

据深圳供电局已退休的线路工程师回忆，大概1986年前后，电力巡线工人沿着铁丝网巡联网线路，铁丝网对面就是香港，沿线都是部队。当时一名电力巡线工工资约240元一个月，而香港中华电力的巡线工人月薪已达到2万港币，每次巡线过来就住在香格里拉大酒店，而深圳的巡线工人只能在铁丝网旁边租个茅草屋住。由于工作需要，线路巡线工人都有特通证，当时不少人走到铁丝网路口一看，把工具一扔就跑到香港去了。现在不少人后悔了，可是已经回不来了。

时光流转，风水轮转，深港联网也早已由当年香港的“电力富余”，发展成为双方电力的互惠互助了。2008年奥运会香港承办奥运马术比赛，最后一天赛事巧遇台风“鹦鹉”来袭，深圳气象台发出黄色台风预警信号，香港也悬挂了3号风球台风信号。为了确保香港奥运马术比赛的正常进行，深港联网发挥了重要作用。深圳电网与香港中华电力建立联动机制，深圳供电局全局进入防风防汛二级响应应急状态，740名电力职工吃住在山上，日夜守护在深港联网线路旁，台风过境，没有发生一起线路故障，香港马术比赛圆满成功。

从购买港电到电力输港

港电是指广东电网与香港九龙电网联网后，从香港中华电力有限公司购进的电力。购入港电，是广东在电力紧缺时期所采取的缓和电力供应的一种措施。中国的社会主义现代化建设，广东先走一步。改革开放以后，广东经济建设迅猛发展。但是，新中国成立后在计划经济体制下，单一依靠国家投资所形成的发电能力，却成了制约广东经济发展的重要因素。因此，当时在粤港联网后从香港购进电力，对促进广东的经济发展，有着至关重要的作用。

1979年3月，广东电网与香港九龙电网联网，广东开始向香港中华电力有限公司购入电力。从香港购进的电力，基本上在深圳就地转供，从此，港电成了深圳的电源之一。一开始，购买港电是由广东省电力工业局（今广东电网公司）与香港中华电力有限公司签订协议，由省局统一向香港中电购电。这一部分的港电由省电力局按用电指标在全省统一分配。1990年，鉴于当时严重缺电局面，深圳向省经委请示，提出由深圳增购港电的要求。经省经委批复，同意深圳向香港增购电量，增购部分不占用分配给深圳的用电指标。同年7月，由深圳供电局代理深圳市与省电力工业局签订委托增购港电的协议，深圳开始从香港增购电量。购电所需外汇主要来源于外资企业的外汇电费，不足部分由深圳市统筹安排解决。

粤港联网初期，在广东电网发电装机容量不足、电网结构薄弱的情形下，港电有力地支援了广东。1979年，也就是粤港联网的头一年，广东就从香港购入电力2.50亿千瓦时，此后，购电量不断增加，最高购电负荷曾达130万千瓦，最高年购电量达53.30亿千瓦时。随着广东电力事业的快速发展，从1996年开始，广东电网（蛇口工业区除外）已不再从香港购入电力，相反，由广东向香港输送电力。输送香港的电力，主要为大亚湾核电站70%的电量，以及广州抽水蓄能电站50%的电量。

粤港联网自1979年一期工程的双回输电线路竣工投运以后，随着购电量的增加，联网设施进行了多次扩建与升压。2000年，两个电网联接的输变电设施计有联络变压器10台，132千伏输电线路8回。此外，在大亚湾核电站和深圳500千伏变电站各有两回400千伏线路与香港中电电网联接。

勇当“桥头堡”
深圳建成全国第一座核电站

俗话说，万事开头难。深圳建成全国第一座核电站就是印证。可能有人知道，大亚湾从场地开拓施工至电站竣工投产，足足耗时8个年头之久。而鲜为人知的是，其从可行性研究，到项目核准，到最终动工，也经历了7年之久。

20世纪七八十年代，石油危机频现，香港中华电力有限公司为摆脱过分依赖动力燃油的被动局面，委托国际原子能机构在香港进行发展核电的研究。与香港毗邻的广东地区，也是一个缺油少煤、水力资源不丰的省份，因而对开发核电这一新的能源也颇感兴趣。

鉴于双方对于核电的共同渴望和需求，当时广东省党政主要领导决定与香港中华电力有限公司合作开发核电，双方实现优势互补，既解决香港缺乏合适厂址的困难，又有利于解决广东筹集外汇的难题。长远来说，还可缓解粤港双方的电力紧缺，促进经济发展。大亚湾核电站正是这一合作下的产物。

因为是首座，且是新中国时期和平利用核能要建的第一座大型核电站，其备受中央及地方各级党政领导人的密切关注。出于核电安全的需要，核电站的站址条件非常苛刻，要求具有理想的地质、防震方面的条件；核电运行需要大量的冷却水，如采用一次贯流，厂址一般只能在海边一带选择；另外，还须考虑与电力负荷中心的距离。

从1979年底进行可行性研究到1982年核准项目，我国第一座大型核电站的站址最终确定在深圳市大鹏半岛的大坑，名称定为大亚湾核电站。大亚湾核电站是中港合作经营的大型能源项目，以引进外资，引进国外成套设备、技术和管理的方式建设，中方占75%股份，港方占25%。核电站的主体分为核岛和常规岛两部分。大亚湾核电站采用的是压水堆机组，装有两台发电机组，装机容量近200万千瓦。

1986年4月，大亚湾核电站进入全面建设施工。1994年2月1日和同年5月6日，1号、2号机组先后投入商业运行。整个建设期，从场地开拓施工至电站竣工投产，耗时8个年头，足见工程之艰巨。至今，深圳与大亚湾核电站配套的输出线路有4回。其中，400千伏线路3回输往香港，1回500千伏线路通往深圳500千伏变电站接入广东电网。核电站从竣工投产至2009年底，累计上网电量2318.97亿千瓦时。

回望改革开放初期，我们慨叹深圳推行核电的气魄，更庆幸深圳拥有了全国最早的核电站。

全国最早两座核电站均落户深圳

改革开放给广东省核能的兴起和发展带来机遇，我国第一座大型核电站——大亚湾核电站和第二座商用核电站——岭澳核电站，均选址深圳。如今，它们不仅为深圳用户提供着稳定的电力，而且为广东省内甚至省外城市提供着稳定、清洁、经济又环保的电能。

全国首座核电站落户深圳

大亚湾核电站是中国和平利用核能所建成的第一座大型核电站，从筹备到建设再到竣工投产，均备受各方的关注。

1979年，广东省电力工业局和香港中华电力有限公司共同组成专家组，联合对广东核电站的建设进行可行性研究。两年多的反复论证评审后，国务院于1982年12月正式确定了广东核电项目，并将广东第一座核电站的站址，确定在深圳市大鹏半岛的大坑。

从1985年1月，合营合同经审查批准后，在北京正式签字。同年2月9日，广东核电合营有限公司正式成立，翌年4月，大亚湾核电站进入工程建设阶段。

耗时8年大亚湾核电站投产

1986年，大亚湾核电站进入全面建设施工。翌年8月7

日，核电1号机组基础浇注第一罐混凝土，标志着电站主体工程正式动工。两年后的1994年2月1日和同年5月6日，核电站1号、2号机组先后投入商业运行。

整个建设期，从场地开拓施工至电站竣工投产，耗时8个年头。至2007年，大亚湾核电站为各地居民提供的累计上网电量达到了1931.27亿千瓦时。作为深圳居民供电的坚强后盾，大亚湾核电站以其产出的清洁、经济、安全、可靠的核电，成就深圳新能源的一块金字招牌。

第二座核电站专供广东地区

在距离大亚湾核电站不足1.2公里处建立的岭澳核电站，是广东地区继大亚湾核电站之后的第二座大型商用核电站。

该核电站从1994年开始筹建，同年10月确定站址，1995年经过国家批准立项。同年9月，项目可行性研究报告获得批准。1997年5月15日，岭澳核电站首期工程的1号机组核岛主体工程正式动工。2002年5月28日、2003年1月8日，1号和2号两台发电机组相继投入商业运行。

从2002年至今，岭澳核电站所生产的电力全部供应广东地区，仅2007年，岭澳核电站的上网电量已达到113.03亿千瓦时。

深圳电网　网中有网

在深圳电网的供电区域之内，有一小块地方由香港直接供电，这就是深圳蛇口工业区（又称招商局蛇口工业区）。工业区内（含赤湾南山开发区）自成电网。

蛇口工业区地处原宝安县蛇口公社。1979年1月31日，经国务院批准，由国家交通部香港招商局独资开发经营蛇口工业区。工业区内以发展外向型工业为主，是中国第一个对外开放的工业区。

蛇口原由深圳电网供电。1968年，南头至蛇口10千伏线路开通，在蛇口镇安装了一台1800千伏安变压器，蛇口开始使用省网电源。1980年11月，蛇口工业区第一变电站落成，站内安装一台3.15万千伏安变压器。同年12月深圳至蛇口110千伏线路投运，省网电以110千伏电压输入蛇口。

蛇口工业区于1979年1月底经国务院批准立项，同年8月正式破土动工兴建。随着开发业务的全面铺开，工业区建设的迅速扩展，电力需求量越来越大。进入20世纪80年代，广东经济建设全面起飞，电力供应原本就已相当紧张，1984年后连续几年，广东天旱少雨，水电严重缺水，电力供应就更加捉襟见肘，缺电局面波及全省。当时蛇口工业区是从深圳水贝变电站以单电源单回路的方式供电，负荷有限，网架也相当脆弱，供电量、供电可靠性和稳定性均处在较低水平。缺电、限电对全省经济建设所形成的负面影响，蛇口工业区也未能幸免。因而，工厂投诉，外商责难，抱怨之声此起彼伏。为迅速突破电力紧缺这一瓶颈，1985年5月，蛇口工业区管理委员会上书中央，除要求优先确保蛇口1.5万千瓦电力负荷外，还提出蛇口直接从香港中华电力有限公司购电的建议。建议获国务院和广东省委批准后，同年11月，由香港招商局集团常务副董事长袁庚代表招商局与香港中电签署购电合同。按合同约定，翌年5月，由香港元朗安乐道变电站至蛇口的一回132千伏海底电缆动工敷设，香港中电在蛇口第一变电站西侧安装的一台容量为12万千伏安变压器也同时兴建。同年11月，第一回海底电缆竣工投入运行，香港中电开始直接向蛇口工业区供电。深圳至蛇口110千伏线路转入热备用。随后，蛇口电网又几经扩展，至1997年6月，香港至蛇口第二回海底电缆竣工。至此，蛇口工业区共有电源进线3回，110千伏变电站2座，10千伏配电室12个，配电线路184千米，形成了110千伏/10千伏独立于深圳电网之外，供电覆盖面积仅为13平方千米的小型电网。

电价管理权曾最先下放给深圳

20世纪80年代，深圳为适应用电种类骤增的局面，率先在全省自行审定电价。20多年过去了，深圳市电价历经多次深入改革调整，朝着更优化的电价构成趋近。20余年的变迁，折射出的是这个新兴城市一步步走向繁荣的历程。

1987年率先开始"定价"

1976年至1989年，深圳的电价体系还是按照国家水利电力部颁发的《电、热价格》执行。可就在深圳建市之后，日益增多的工厂、商场、宾馆酒楼、游览娱乐场所，高层住宅，一改以往深圳市照明用电、工业用电、农业用电为主的用电体系。

面对着用电类型日益复杂化，1987年4月，《广东省电价改革工作安排意见》出台，其中就提出，建议深圳市电价改革先走一步，由深圳市自行审定电价。

同年6月，深圳市成立的"深圳市电价改革小组"，开始深圳历史上第一次电价管理体制改革。这次改革后的定价，从1989年1月1日起实施，新电价也根据类别不同，分成了普通用电、工商用电和涉外用电三类，并按照用电户的用电负荷率及需求量大小进行分级定价。

深化改革从1994年开始

1993年，深圳市物价局决定取消居民用电分级收费的规定，居民用电统一按照0.2元/千瓦时计收。这次对电价体系的深化改革，不仅对总体电价水平做了较大调整，还对优化电价的形成、运行机制做了改革。

其后的4年，电价政策又做出了3次调整，直到1999年11月1日，深圳市第三次电价改革出台。这次改革进一步完善了电价管理体制，优化了电价管理体系，取消了“用电管理中间层”以及取消了村一级用电管理机构。尤其是1999年收编了镇农电公司，真正实现了“同网同价”。

电价构成更细化合理

2003年，深圳市物价局再次调降深圳销售电价，不仅试行可靠性电价，还对部分流通业用户实行了电价优惠。

2006年，广东省物价局再度调整全省销售电价，深圳电价构成更趋合理化，不仅对城乡居民住宅用电实行同价，针对大用电量行业以及高耗能行业也有了差别电价。

“一条龙”管理力保电网安全

一个城市电网设施的安全与否，从最初的电网设计开始，到最终的投入使用，任何一个环节都需要管理到位。20世纪80年代开始，深圳供电局着手安全生产全过程“一条龙”管理，通过日益完善的全过程管理，确保电网设施的安全稳定运行。

70年代电网安全问题重重

早在20世纪70年代，因技术、监管体制等方面的限制，供电部门电网设施建设的前期工作，如勘测设计、土建还有安全施工等方面的审查监督都较少参加。

直到深圳供电局的成立初期，正处在建设过程中的电网设施，缺乏使用单位的有效参与和监督，设施建成投运之后，常出现包括工程设计、设备质量、施工安全质量等方面的问题。安全生产“一条龙”管理便显得迫在眉睫。

80年代开始“一条龙”安全管理

80年代中期，深圳供电局开始加强对从事电力设施施工队伍及其建成的电力工程的施工质量和施工安全进行监督和管理。

有关资料记载，1985年，深圳供电局专门要求：但凡承建深圳电网10千伏以上电力基建工程，均需在深圳供电局登记并进行资格审查，持有资质合格证书，并办理全部必要手续后，方可承担工程施工。属深圳供电局管辖的输变、配电基建工程对外承包，统一由深圳供电局工程部归口管理，并由其负责工程的施工监督、质量检查、组织工程验收、办理送电接火审批等有关手续，施工队伍负责人还要定期进行学习再培训和考核，考试合格者方可进场施工。

1989年，深圳供电局又要求凡在深圳电力系统内需办理停电作业工作票的非电力系统施工队伍，一律得出示“工作负责人合格证”，无证者不可担任工作负责人。

90年代管理更趋完善

90年代之后，深圳供电局对安全生产的全过程管理进行完善和规范，从包括设计、基建施工、安装、调试、验收、投运再到电力使用，都有严格的监督和验收环节，就算是设备投入运行后，也要求加强跟踪及早发现问题，及时处理。

□悉心验收，严把设备质量关。

30年节电推广应用深入人心

走入炎热酷夏，空调使用量加大，用电负荷也直线上升。面对骤增的电量，如何正确节电愈加受到市民关注。事实上，从20世纪70年代开始，节电技术开始在深圳各地推广开来。如今，深圳供电局带着节约技术走进企业和百姓家中，让每一度电发挥着最大效率。

节电管理始于20世纪70年代

早在20世纪70年代推行“三电”工作以后，深圳市经济委员会（建市前为宝安县工业办公室）层层分解，由“三电”办公室组织实施，对用电大户节约用电进行指导。

据史料记载，当时深圳市“三电”办公室电耗控制和管理的对象，有国营企业、集体企业、个体企业、外资企业和合资企业，但由于管理体制的原因，所能管理的仅为国营企业或中方控股的合资企业。1987年深圳的工业用户被纳入节电管理范畴，但这也仅包括沙头角区、轻工业公司、华强电子公司等24家企业，节点指标也不过241万千瓦时。

省市联手推广节电技术

深圳建市以后，节约用电开始包含两个方面内容，即抓产品电耗的控制和管理、做好节电技术的推广和应用。

□小学生在龙岗新能源基地参观学习。

1990年开始，广东省每年从节电基金中下拨各市经费，分批淘汰掉高能耗的配电变压器。深圳地区还开始逐渐展开包括无功用地补偿、装设变频调速装置，以及在商场宾馆内推广空调储冷技术，使用节能照明灯具等节电技术的推广。

走进客户提供节能服务

近年来，深圳供电局始终牢记“主动承担社会责任、全力做好电力供应”的使命，大力服务深圳低碳经济建设。为了能全面宣传节电技术，深圳供电局所有营业网点均放置了节能宣传册，供客户自助取阅；网上节电展厅也不断更新节能政策法规、节电知识和典型节电案例，节约用电的理念也随之走进寻常百姓家。

同时，深圳供电局在全市范围内开设三个节能展示厅（分别位于罗湖、盐田、龙岗），免费对外开放。截至2010年5月31日，全市三个节能展示厅共接待参观市民约1273人次，其中学生约587人次。与此同时，深圳供电局2010年以来已先后为29家企业赠送了节能建议，下半年还将为300家企业提供能效审计服务。

第三章 遭遇电荒

西电东送的前世今生

西电东送工程，是我国西部大开发战略的重要组成部分和标志性工程，把西部的资源优势转化为经济优势，满足东部地区的电力需求，促进东西部地区的共同发展。西电东送，这条能源大动脉架起了东西部互联互动、双赢共赢的桥梁。

西电东送工程最早是在20世纪60年代提出的。80年代，我国开展了实施西电东送的有关准备工作。1985年12月，220千伏广西梧州至广东珠山线路建成，两广正式联网，奏响“西电东送”的前奏。1987年，西电送广东500千伏线路开始建设，1993年9月广西梧州至广东佛山罗洞全长192公里的500千伏梧罗线建成，500千伏电网扩至佛山，使“西电东送”首回500千伏输变电线路进入广东，标志着西电正式与省网火电、地方小火电、核电、港电一同成为深圳电源的重要组成部分。

1999年国家作出西部大开发的重大决策，为西电东送的大规模实施提供了历史机遇。2000年，国务院同意国家计委提出的加快西电东送工程建设的建议。同年8月，国务院作出了“十五”期末西电新增向广东送电1000万千瓦的重大决策。南方电网于2004年9月，提前15个月实现了该目标。之后几年，又确定并落实了“十一五”西电再新增向广东送电1150万—1350万千瓦的规划。

2007年4月，西电东送第十条大通道贵广二回直流（现兴安直流）输电工程的受端站——500千伏宝安换流站在深圳建成投产，300万千瓦的贵州电力通过该站直送深圳、东莞等电力负荷中心区，有效缓解了深圳电力供应的紧张形势。西电占深圳电源的比重不断加大，2009年深圳使用西电电量达110亿千瓦时，占深圳电网全年用电量的20%，为深圳经济快速发展作出了巨大贡献。

至2010年1月，南方电网已形成“八条交流、五条直流”共13条500千伏及以上的西电东送大通道，西电东送最大电力超过2300万千瓦。这个数字，是10年前中央最初提出西部大开发战略时的近20倍。2010年3月，超预期的西南大旱让西南各省与广东进行了一次暂时的角色互换。往年肩负着“西电东送”任务的西南各省不仅难以完成使命，更面临着缺电的危机。而电力向来紧缺的广东，则启动了历史上首次“东电西送”紧急援滇抗旱。

□20世纪80年代末的东门。

特区成立前，
深圳仅一条110千伏输电线路

30年流金岁月，在经济特区的光环下，深圳历经沧桑巨变，从一个仅拥有6条35万千伏输电线路和1条110万输电线路的边陲小村镇，发展成为拥有500千伏、220千伏、110千伏、10千伏完整的输供配电网络的现代化大都市。交织在城市各处的电网线路，为深圳人的生活和工作注入源源不断的新鲜血液，而在其背后，无不凝聚着深圳供电人30年艰苦创造奋发刻苦的血汗历史。

1980年之前：深圳仅一条110千伏线路

在成为经济特区之前，深圳一直被列为边防禁区，经济建设发展缓慢，尤其是工业基础薄弱。“那时的深圳工业界，不过是几间小型的农机、化肥、水泥制造厂，还有农副产品加工。”胡长民是位老深圳了，当年他的家就安在如今的宝安区西乡街道。他印象中的深圳，用电最多的地方就是日常照明、电动排灌、农副产品加工。

《深圳电力志》也有历史记载，1980年之前的深圳，电力需求有限，从1965年到1980年之间，深圳仅建设了6条35千伏输电线路。唯一一条110千伏输电线路，也只是在1975年12月建成的。

1984年：历史上第一次缺电

35千伏输电设备，可以满足建市前全市用电量不大的局面。可从1980年之后，经济发展速度的陡然增长，带来用电负荷的骤然增加，给当时的输电网络带来挑战。

“1985年的深圳，已经有了蛇口、上步、八卦岭等工业小区，以罗湖小区为代表的商业区和居民住宅区成为城市的中心地带。”胡长民回忆，工业突然变身为城市的支柱产业。1984年，特区内已有500家工厂，全市工业总产值达到16亿元人民币。次年，全市建设投资更是超过了25亿元。

深圳电力供应却无法紧跟经济发展的步调，1984年秋，深圳迎来了历史上第一次严重缺电期，唯一一条110千伏系统不堪重负，35千伏系统容量有限、输电距离长导致供电力不从心，“当时的深圳不少输变电设施都是满负荷甚至是超负荷运行，也就开始出现了‘卡脖子’现象。”

□昔日的笋岗变电站。

电力紧缺
民间曾自筹资金建电力设施

深圳经济特区成立之后，用电负荷加重，电网架构亟待大变身。深圳各界民众积极进取，不断强大电网架构，从110千伏到220千伏，再到500千伏输电线路，20余年内构建出现代化的输变电网络。

乡镇自筹资金建设施

1984年之后，广东省加大对深圳电网建设的投入力度，深圳市政府也在电网建设上给予补贴。深圳率先进行电价改革，对新报装用户征收电力建设费。

民间也不断完善乡镇电力设施，“碰见电网‘卡脖子’的时候，常常是一连好几天没电用，大家伙儿都希望能完善电力设施，镇上自发筹集了资金，委托供电部门兴建了变压器、配网线路等设备。”2010年60岁的刘晖是布吉街道的老居民，对当年供电紧缺的情景依然深刻。

此外，横岗、平湖、龙华等镇为保证自身用电，也纷纷自筹资金，兴建电力设施，全市电网也在1986年后得到了大规模、高速度发展。

大踏步跨入500千伏“新”时代

从1980年到1989年，深圳新建或改建了17条110千伏线路。进入90年代后，深圳电网走进了110千伏输电线路的快速发展期，尤其是进入新世纪之后，电网建设速度快得惊人，截至2007年，深圳在运行的110千伏线路已经达到了195回，是80年代底的11倍还多。

其间，深圳市自1983年建成投产了第一条深圳电网真正意义上的220千伏输电线路——板深线后，截至2007年，深圳供电局管辖的220千伏输电线路就达到了81回。

再一次大跨步前行发生在1992年6月，深圳电网同时建成投运了两条500千伏输电线路，即核深线和沙深线。作为深圳电网当前最高电压等级的输电线路，500千伏输电线路的建成，实现了大容量、超高压的电力输送，为深圳电网今后的发展开辟了广阔的前景。截至2007年底，深圳电网共有500千伏线路11回。

如今的深圳电网，已经形成了500千伏、220千伏、110千伏三个电压等级的现代化输变电网络，预计2010年深圳市将完成深圳500千伏网络的环形结构，届时深圳电网的网架结构将更加坚固。

深圳“计划用电”曾用“供电票”

肉票、布票、粮票，这是中国计划经济时代的产物，很多“过来人”应该存有记忆。而值得一提的是，其实当年的“计划用电”时代，因为干旱导致电厂水库处于死水位以下，深圳还一度出现过凭“供电票”用电的现象。

计划用电是新中国成立后计划经济的产物。新中国成立后至改革开放后的一段时期，电力建设滞后于其他行业的发展，电力供给不足，当时全国都实行计划用电，提倡节约用电。深圳在20世纪80年代末以前，一直严格实行计划用电。在当时电力紧缺的情况下，电量分配实行先生产后生活的原则，先保证工业、农业排灌、边防用电，然后才考虑生活用电。因而，在当时，就连生活照明用电都受到了严格的限制。

1983年，深圳市人民政府出台了超标用电要加收燃料附加费的规定，用电超标部分，加收燃料附加费每千瓦时不超过0.03元。该规定还明确限定了全市装饰灯、彩灯、霓虹灯等一律在晚上10时以后停止使用，限定每户家庭用电，每月需控制在60千瓦时以内。

1986年，持续干旱使广东省八大主力水电厂水库处于死水位以下，全省缺电形势更加严峻。广东省经济委员会决定从当年2月1日起，对超计划用电除征收燃料附加费外，还要实行分级递增罚款。从当年二季度起，全面实行电力计划分配，每季度发放一次“供电票”，凭票用电交费。同年5月，限制用电措施进一步升级，规定全市在夏令时19：30—22：00为生活照明用电时间，一律不得使用动力和其他电气设备，10月1日起，禁止未经批准使用空调机。

1989年，深圳遭遇了最严重的缺电，当时市政府为了让工业用电和普通用电向居民用电让路，出台了十分严厉的限制用电行政处罚措施：禁止一切霓虹灯使用，只允许使用一个商号灯，违反规定每次罚款500元，累计3次予以停电处理；空调室温必须控制在25摄氏度以上，每低1摄氏度罚款1000元，累计3次予以停电处理；未经批准，在18时到22时期间进行工业生产或基建施工，按其装机容量每千瓦罚款200元，累计3次予以停电处理。

进入新世纪以后，随着电网建设的加快，电力紧缺局面得到了有效缓解，深圳用电也朝着更加科学和有序的方向发展。深圳告别了计划用电时代，计划用电虽然存在很多不足，但在电力紧缺的年代，它对合理分配和使用电力，形成全社会节约用电风气，提高全民安全用电意识，有着积极的作用。

计划用电期　曾禁霓虹灯

在按一按开关就有电的今天，或许你无法想象，早在20世纪80年代，深圳市曾经历过用电也得计划的时期，从最早开始凭“供电票”用电交费，到后来连霓虹灯都禁止使用。直到1989年，计划用电时期才逐渐结束。

深圳曾凭“供电票”交费

据历史资料显示，深圳的计划用电，最早可追溯到70年代初。当时广东省推行“三电”工作，原宝安县的用电指标，均由惠阳地区供电公司审定，一旦超指标用电，就拉闸停电。电量分配先是保工业、农业排灌、边防用电，然后才考虑生活用电。所以，就算是照明用电也受到严格限制。

到了80年代后，电力紧缺日渐凸显，1983年2月2日起，深圳市开始推行计划用电包干、超用电加收燃料附加费，深圳供电局还发出“供电票”，凭票交费。那时，包括装饰灯、彩灯、霓虹灯等非生产用电，到晚上10时以后，一律停止使用。

柴油发电机曾被要求顶峰发电

1984—1985年，全省呈现严重缺电局面，1985年更甚，当年5月，省电力调度中心首次拉停了深圳市8条110千伏线路，并要求深圳自行压电。那时，深圳市实行用电轮休，“开五停二”，有自备柴油发电机的单位，还被要求自行顶峰发电。

次年，深圳市全面实行电力计划分配，每季度发放一次“供电票”，超过分配指标用电要被罚款。之后，限制用电措施进一步升级，全市在夏令时19时30分至22时为生活照明用电，一律不得使用动力和其他电气设备用电，1986年10月1日起，禁止未经批准使用空调，这种情形一直持续到了1987年初。

霓虹灯曾禁止使用

好不容易缓和的用电紧缺局面，到1988年10月底，再度趋于紧张。当年11月、12月份的电量、电力分配被调减，11月重新执行超计划用电罚款。再到1989年，深圳市压电更加严重，工业用户和一般用户被迫向居民用电让路，5月份起，每周“停二开五”改为“停三开四”，入夏后更是发展到“停四开三”，工业及基建用户最困难时曾实行过“停五开二”。而限制用电行政处罚措施也愈加严厉，罚款金额大幅提升，一切霓虹灯都禁止使用。

直到1989年，随着地方小火电及省内大型发电机组的陆续投运，电力供需矛盾逐年缓和，深圳市这才度过了建市以来最困难的缺电时期。

拒绝忽明忽暗
看我“有无神功”

老深圳都应该有这样的印象：20世纪八九十年代，一到晚上，家里的电灯总是忽明忽暗，这是由于电压不稳造成的。电压质量是供电企业一个很重要的指标，它的好坏直接反映了供电企业的管理和技术水平。其实，电压质量是可以通过安装自动调压装置、实施有功和无功出力管理等来完善的。

在深圳电网历史上，曾经有过两个时期电压不稳：一个是1984年到1988年，深圳电压偏低，电能质量较差；一个是1994年至1996年，深圳电压偏高，电网结构不完善。

深圳建市后到1984年前，由于用电量不多，电压基本正常，深圳电网仅通过小水电站的无功出力来保证电压稳定，谈不上什么技术手段。1984年到1988年间，深圳迎来了一次大发展时期，用电需求迅速增加，导致大量电网设备超负荷运行，由于电压调压手段原始，无功补偿装置严重缺乏，深圳电网电能质量劣化，110千伏电压等级波动较大，用电高峰时段只有107千伏，到低峰时段则高达122千伏，整个电网电压合格率很低，平均电压合格率仅为74.37%。

电压偏低，给特区投资环境及人民生活带来了不良影响。为了改善电压质量，1987年深圳供电局号召全局上下都来抓无功管理，要把主要精力集中在保证供电和稳定电压等方面。为此，深圳供电局采取了一系列措施加强电压管理，包括对变电站开展无功补偿工程，对新报装用电客户加装无功补偿装置，与此同时加强了电压监测工作，要求各变电站在每月最后一天24时前将电压合格率统计数据上报电网调度中心实行统一考核。

从1990年开始，深圳电网电压合格率逐年上升，到1992年电压合格率已达93.8%，达到国家二级企业标准。这种情况在1994年到1996年间发生了逆转。当时由于电力需求增长放缓，发电能力过剩导致了深圳电网电压偏高现象，加上电压监测点布点较少，又多集中在低压供电电源端，造成了测量电压过高。

针对上述情况，从1998年开始，深圳供电局逐步在220千伏、110千伏变电站安装自动调压装置，替代原来靠调度员监屏调节线路电压的方式，同时实行无功分层分区就地平衡，对地方电厂也严格制定每日发电曲线，使其所发出的有功和无功出力符合深圳电网实际需要。至此，深圳电网综合电压合格率逐年稳步提升，至2009年达99.637%，迈入国内领先水平。

“三级安全网”紧盯电网安全

当你正惬意地享受着空调吹出的徐徐凉风时，你或许并不知道，正是由于电力行业的安全监督机制的紧密跟踪，才有了从电网建设到供电、用电的整个安全稳定。如今的深圳供电事业，早已摆脱最初的单人监督机制，发展至今，已形成了成熟的“三级安全网”实时监督机制。

“安监委”成立于80年代

电力行业的安全生产监督机制，其作用是对电力工业建设、电力生产和使用安全进行全过程的监督。据史料记载，深圳最早开始拥有专职的安全监督管理员，还是在1972年，当时的供电部门是宝安县供电公司。这种仅仅设置安全监督管理员的模式，持续到了1985年。

1985年9月，深圳供电局开始成立“安全监察委员会”（简称安监委）专职机构，由分管输、变电运行的副局长带头，成员由各部门负责人组成，基层变电和输电部门也配置了专职安全员，其他生产班组同样设置兼职安全员，即形成由局、分部（工区）、生产班组组合而成的“三级安全网”。

制度化管理安监体系更完整规范

2002年电力体制改革后，深圳供电局又制定了《深圳

□深供人全力以赴，加快电网建设。

供电局安全网岗位职责规定》，明确了“三级安全网络”当中各岗位的安全生产监督职责，完善了安全生产监督组织机构和制度，安全生产体系更为完整和规范。

2005年8月，深圳供电局成立安全督察大队，并将其工作重点放在加强事故的防范上，形成了督察网络，现场安全监管，保证作业现场的人身、设备和电网安全。截至目前，深圳供电局“三级安全网”构成已经演变成为：一级安全监督网由局安全生产委员会办公室人员组成，二级安全监督网络由局二级机构的各部门安全督察人员组成，三级安全监督网由各部门下属所、班、站安全员组成。

深圳在全国率先将绝缘服用于“带电作业”

当你看到身穿橘色工作服的电力抢修工人，在不断电的情况下，直接接触电线展开抢修时，不要惊讶，这其实是电力工人正在进行的“带电作业”。上万伏的高压线，听起来让普通人不寒而栗，可对于他们而言，不过是家常便饭而已。

从停电检修到带电作业

“通常线路检修包括角钢架、松动的螺丝加固，涂防腐漆，更换瓷串，有时候还得人工拆鸟巢……”老刘是最早的巡线员之一，记得当年遇到一些线路发生紧急情况，需要立即电话向输电分部报告，再经过紧急调度，进行紧急停电才能操作。

从1987年开始正式组建带电作业班开始，深圳供电局发展至今，已实现了除故障抢修外，对输配电线路缺陷处理的“带电作业”，主要包括输电设备带电水冲洗、配电线路的设备检修和更换等。

“直接接触万伏高压线路是家常便饭”

“每回看到穿着橘红色工作服的电力工人在电线杆上作业，我总以为他们是断了电后才敢干的，谁知根本就没停电。”刘阿姨住在岗厦片区，一次亲眼目睹小区内电力工人带电作业，让她着实大开眼界。

“我当时以为家里是停电的，要知道220伏的电压，我们碰上都会浑身发麻。更别说外边这1万伏的电压，工人们操作起来跟没事一样，真是不可思议。”

“带电作业最主要是要绝缘，我们都需穿上屏蔽服，例如绝缘服、绝缘手套、安全帽等。”老刘称，拿绝缘手套为例，第一层是吸汗的棉手套，再戴上一层绝缘手套，最外面还有一层保护绝缘手套的羊皮手套。准备工作做足了，即使处在高压电场中，危险电流也不会对人体造成损害。“直接接触万伏高压电流对我们来说已经是家常便饭了！”

国内率先使用绝缘服辅助带电作业

据有关资料显示，深圳供电局从1987年2月正式组建带电作业班，并率先在全国将绝缘服等人身防护用品作为辅助绝缘应用在10千伏带电作业当中，1988年即正式开展了35—220千伏输电线路和变电设备常规项目的带电作业。截至如今，深圳供电局开展的带电作业项目，已包括高至500千伏、低至10千伏的架空线路和110千伏、220千伏的变电设备。

炎炎夏日
多措施应对电网负荷高峰

高温天气频频来袭，深圳的电网负荷屡屡创下新高。如何合理调配电网资源，如何让百姓用电无忧？多年来，随着城市的高速发展，深圳供电部门也通过多重方法，尽全力确保深圳供电安全稳定。

向省中调争取更多的网供指标

深圳建市以后，为加强深圳电网的建设和管理，深圳地区电网调度由省局直管。随着广东电网的壮大和发展，从20世纪80年代中期开始，广东省电力中心调度所陆续将110千伏系统下放由地市供电部门管辖。到目前为止，深圳电网220千伏系统仍由省中调直接调度。

由于220千伏及以上电压等级的电力调度是由省中调统一指挥，因此，深圳供电局每年都会及时向省中调及深圳市科工贸信委电力处汇报深圳市电网形势，积极向省中调争取更多的网供指标，尽可能缓解深圳市电力供应紧张的局面。

地方电厂顶峰发电

从1990年开始，深圳陆续兴建了一批应急中小型火力发电厂。它们的建成，对缓和当时深圳的缺电局面起到了重要的作用。目前，深圳市内共有110千伏以上电厂12座，由深圳供电局电力调度通信中心统一调度。

夏季负荷高峰期，深圳供电局会加强深圳市范围内对电网有直接影响的220千伏妈湾、前湾、美视、能东等统调电厂发电机组的运行维护，尽量避免临时故障，同时要求各地调电厂备足燃料顶峰发电，多发满发。

优化电网运行方式

深圳建市以后至1984年，深圳电网只有一座220千伏变电站，电网结构简单，运行方式固定。1985年后，电网迅猛发展。到目前为止，深圳电网共有110千伏及以上等级变电站177座，输电线路总长度约3700千米，电网结构日益复杂，给深圳电网安全运行带来了巨大压力。

特别是面对西部巨大的负荷压力，2010年深圳供电局通过临时将鹏城变电站1、4号主变过载容量调高到设计容量上限的1.45倍的方法，紧急调整电网运行方式，为深圳西部地区带来近30万千瓦的用电负荷，暂时有力地缓解当地错峰用电局面。

除以上措施外，为积极应对用电高峰，深圳供电部门表示，还将密切跟踪电力供应情况，做细需求侧管理，积极引导大工业客户科学用电、削峰填谷。同时，深入开展节能绿色行动，争取客户支持并提高节电意识。

“深圳供电局的变化真是天翻地覆”

要了解深圳供电局的历史，没有人能比他更熟悉——贾振旺，作为首个被分配到这里的大学本科生，他到供电局的那一年是1982年。谈起过去的那些回忆，贾振旺不无感叹地说，“那真是天翻地覆的变化”。

作为深圳供电局的党委书记，他曾经是深圳供电局的第76号员工。当时支援特区建设是一件光荣的事，就读于华南理工大学的贾振旺由于连续四年当选广东省三好标兵，首先就被大学推荐到深圳来。“经济特区刚成立，你又是党员，应该去支援一线，”当时学校的人事部门、党委都是这么说的，贾振旺回忆道，“于是我就到了深圳。”

在贾振旺的回忆里，那时的深圳就像个硝烟弥漫的战场，由于大搞特区建设所以到处尘土飞扬，上街穿个白衣服回来就是黄的。

“我是7月到的深圳，一看特区根本不是自己想的样子，怀着满腔热情到深圳供电局报道，没想就给上了一堂政治课。”作为第一名大学本科生，初到供电局的他，不但没有得到热情的接待，反而被当时人事科的干部作了一次思想教育，“别以为多读几年书就了不起，年轻人还是要多讲政治”，这句话让贾振旺记忆深刻。

当天，贾振旺就跑回广州了，后来广东省电力局人事科长给他做了思想工作，于是当天晚上他又回来了。

刚上班的他，负责的工作是巡线。每天开个大货车，几个人一组，翻山越岭、走街串巷，什么山头他都爬过的，每个杆塔都要爬上去看看有没有毛病。“为什么要叫八卦岭、园岭呢，因为深圳以前都是丘陵地带，现在那些地方都建了工业区了。”

当时的深南大道两旁都是架空线路，街道也很短，一根烟还没抽完，深南大道就已经走完了，其余的地方都还是田野。

粤港联网以后，他负责勘察铁丝网沿线的输电线路，常常看到香港的巡线工月入过2万元，过来巡线就住香格里拉大酒店，一天还有50港币的补贴，而已经是线路工程师的他，一个月只有240元，巡线只能租茅草屋住，喝着几毛钱的土炮（一种米酒），待遇差别相当大。

当时在边防线巡线都有特通证处，很多家伙走到铁丝网路口一看，把工具一扔就走人。没想到几十年过去了，当时跑到香港的人现在都后悔了。“谁也没想到深圳电力的发展那么快，那几年，深圳电力每年都以37%的速度在增长，现在我们提出要当国内第一个与国际先进水平接轨的供电企业，5年与香港电力企业管理水平接轨，作为一个电力职工我真的感觉很荣幸。”

1985年，深圳吹响全省电力体制改革号角

改革须“进行伤筋动骨，动大手术，彻底跳出旧机构体制的框框”，并要体现经济特区“新事新办，特事特办，全新思想，全新方法，一切经过试验，大胆闯，勇于实践”的精神。

1985年，深圳吹响了全省电力体制改革的号角。1984年下半年，广东省电力工业局将深圳供电局列为全省电力系统进行全面改革的试点单位。当时省局主要领导指示，此次改革要着眼于克服旧机构的弊病，要求深圳要致力寻找适应新时期新形势下的管理体制。但经过多次研讨、制定改革方案，始终未能达到省里的要求。

1985年，根据刚从香港中华电力有限公司考察回来的国家电力部和省电力工业局的意见，深圳参照香港中华电力的模式、经验和做法，对管理体制、人事和工资三项管理制度进行了大刀阔斧的改革。在管理体制方面，改党委集体领导下的局长分工负责制为局长负责制；在人事任用方面，打破工人、干部界限，实行岗位聘任制和任期制；在工资制度方面，实行结构工资制，使职务（岗位）、技能和工作实绩挂钩。这种改革在现在来看仍然十分适用，在当时更是十分超前。正是这次改革，克服了以往人浮于

事、机构臃肿、职责不到位、效率低下等弊病，提高了工作效率，调动了员工积极性，供电服务得到了极大的改善。

到新世纪之初，广东省在参照深圳样本的基础上对电力体制进行进一步改革，主要内容为：转变企业职能，将原供电企业代表地方政府的部分管电职能归还政府，供电企业完全按照国家制定的《公司法》实行企业运作；撤销广东省电力工业局原政府编制，在广东电力系统内实行厂网分开。此次转制改革，既保留了1985年三项管理制度改革的成果，又顺利完成了由行政事业单位办企业向完全国有企业的体制转变。

为适应国民经济发展和电力体制改革的需要，2002年12月国家成立了中国南方电网有限责任公司，广东、广西、云南、贵州、海南5省（自治区）电网划归南方电网公司管辖，2007年南方电网在深圳全面启动了创建国际先进水平供电企业试点工作，要求深圳成为全国第一个达到国际先进水平的供电企业，并在5年内与香港管理水平接轨，深圳电网从此迈入了新的篇章。

深圳变电站无人值班全国最早

1989年8月30日，220千伏中航变电站投运并实现了无人值班，深圳从此有了无人值班变电站。这在今天看似稀松平常的事，却是深圳电网运行管理的一个分水岭。其至今被认为是变电站运行管理上根本性的革命。

深圳建市以前，仅有1座110千伏变电站和3座35千伏变电站，均是有人值班。建市后，随着经济快速发展，输变电设施也逐年增多。每新投一座变电站就必须增派数名运行值班人员，这给供电企业带来了沉重的人员负担。为迅速扭转这一状况，从1985年开始，深圳供电局引进了当时世界先进的技术装备，并着手进行电网调度自动化的开发和研究，为开辟无人值班先河创造了条件。

20世纪80年代初来到深圳的老师傅姚日光对新设备的引入历程记忆颇深："1984年110千伏罗湖变电站引进了SF6全封闭组合电气，在国内算是最早的几家，产品质量非常高，内地供电局闻讯前来参观考察的同行络绎不绝，至今这些产品仍在稳定运行。"原来的少油式开关跳闸7次就必须停电检修，而现在的无人值班变电站大都是SF6、真空开关，跳闸十次以上仍可安全运行，大大减少了停电检修次数，电力供应更加可靠。

实行无人值班站也有赖通讯的进步。深圳电网在1981年以前依靠市话挂长途与各变电站联系，1982年开始应用电力线载波通讯，1988年底引入了加拿大SR500一点多址数字微波，开通了微波通讯。从1995年开始，深圳又着手建设光纤通讯线路及光纤通讯技术SDH同步数字体系，并伴随着通讯技术的进步而发展。1985年，深圳供电局开始着手电网调度自动化系统的研究。经过两年多的努力，1987年完成了变电站“四遥”（遥测、遥信、遥控、遥调）装置的研发；其间，宝安、南头两个变电站于1988年实现单人值班；1989年，中航、莲花山两个变电站实现无人值班，至此，深圳成为我国最早实现变电站无人值班的城市。

30年大跨越
无人值守更普及

20年前的深圳，分布深圳各地的变电站，它们的日常管理和维护，都靠值班人员24小时轮班驻守。城市发展步伐的加快，变电站的逐年增多，带来值班人员数量的激增。1985年开始，深圳供电局大刀阔斧着手“电网调度自动化”的开发和研究，在全国率先完成变电运行的“四遥”操作，实现了变电站的“无人值守”。

无人值守全靠“四遥”

“输变电设备一增加，就得增派运行值班人员，人员负担日渐增大”，据20世纪80年代初来到深圳电网的老员工姚日光介绍，“电网调度自动化”的实施很大程度上解决了这一难题，实现了变电站的无人值守。

无人值守的变电运行全靠“四遥”操作，即遥测、遥讯、遥控和遥调。形象地说，就是实现“遥远”的控制和调度。

“要实现‘四遥’操作，首先需要改造的是古旧的通讯方式，”他告诉记者，以前还靠电话挂长途联系的方法，到1988年底，已经转变成微波通讯，之后建设的光纤通讯线路，让电网通讯更完善。

调度员数量减少 “能耐”更大了

“无人值守，并不是说真正的一个人都没有。”姚师傅介绍说，每天电网运行中更新的大量实时信息，都需要人作出调度决策，监控数十个无人值守变电站的运行信息，还得盯着各变电站设备运行参数，及时将消息转达到各个中心站点。

“与以往的值守人员相比，现在的值守人员数量少了，可‘能耐’更大了。”他告诉记者。

30年大跨越 “无人值守”更普及

事实上，到了1978年底，深圳供电局就完成了变电站“四遥”装置的主机，以及南头、宝安、上步三个变电站遥站设备的安装调试。1988年，宝安、南头两个变电站已实现了单人值班；1989年，中航、莲花山两个变电站实现了无人值班，深圳也成为全国最早实现变电站“无人值守”的城市。

截至2007年，深圳电网属深圳供电局管辖内的全部110千伏变电站、12座220千伏变电站实现“四遥”操作，成为无人值守变电站。

签“下岗军令状”
深圳在全国率先实现同网同价

“城乡两张网，电费各不同。”这是以前深圳城、农网客户用电的真实写照。这一现象的产生源自20世纪80年代末90年代初电力供应紧张，在供电企业和用户之间便出现了转供、转售的“二传手”——中间层。

由于“中间层”自己投资建设配电设施，自己负担电能损耗、设备维修和电工管理费，加之政府部门没有有效的监管措施，有些供电“中间层”利用价外价和高价收费等手段牟取非法收入，居民用电价因此大增，群众反应强烈。属于镇政府的一些镇农电公司为完成镇政府的利润指标，抬高电价成本，从而使农网价格比城网高一倍多，有的地方甚至高达三倍，农民叫苦不迭。

“以电养镇，以电养政，以电养人”的现象当时在全国也是很普遍的。1998年，国务院提出从1999年开始用三年左右时间，通过改革管理体制，最终实现城乡用电同网同价的决策。同年，深圳市委市政府痛下决心，取消用电“中间层”成为了当年度深圳市委市政府为民办十件大事之一。供电局随即与市政府签订“军令状”：一年之内完不成任务，就下岗。

在精心调研的基础上，供电局制定出“绕过产权，抄

□深圳电网支撑深圳经济快速发展。

表到户，统一打单，价费分离，统一定价”的方法，并探索出“委托代售、委托抄表和直接抄表”三种接管模式，有效地减少了接收阻力。到1998年年底，“中间层”被全面取消，全市城乡直接抄表到户，为全市实现城乡用电同网同价扫除了障碍。

至1999年11月1日，市物价局通过再一次调整城乡居民用电价格的方案，深圳市城市居民电价每千瓦时上浮8分钱，农村居民电价每千瓦时降低4分半，这一调整使全市城乡居民用电每千瓦时均为0.78元，深圳提前两年成为全国第一个取消城乡用电差别、实现同网同价的地区。据当时媒体报道，城乡用电差别的取消，直接刺激农村用户的用电积极性，使农村用电量迅速增加，推动了整个深圳经济的发展。

要错峰　先保居民用电

随着台风“康森”的远去，酷热天气再度席卷而来。深圳的电网负荷总量大幅攀升，面对这用电高峰时的电网压力，供电部门采取错峰的方式，最大限度地优化电网资源的配置，以保证电网的安全。

错峰用电旨在优化电网配置

早在20世纪80年代后期，深圳曾经遭遇严重缺电期，那时就曾经通过“压电计划”，在确保居民用电的前提下，对工业用户实行过“停二开五”甚至“停三开四”等限电政策。

走进21世纪，电网资源的日益完善，提升了全市供电可靠性，城市化速度的加剧，也促进了电网负荷的逐年递增，实时考验着电网的供应能力，不得不通过“错峰用电”来进行电力资源的分享供应。

所谓错峰用电，指的是根据电网负荷特性，通过行政、技术、经济等手段将电网用电高峰时段的部分负荷转移到用电低谷时段，从而减少电网的峰谷负荷差，以最大限度提高发、供电设备的利用率，优化资源配置，提高电网安全性和经济性。

错峰首先保居民用电

每每错峰之时，深圳供电局首先确保的都是居民、各级职能部门、医院、学校等的正常用电，对企业、区域用电户进行用电时间的调整，错开分配，对某些企业、工厂在一定的时间内停止供电。如：××工厂周一、周三停电，调整到周日用电、夜间用电等。

一般来说，错峰预警信号分为三类，分别为黄色信号、红色信号和绿色信号。在不同的用电紧张期间，会对用户作出不同的错峰调整。例如黄色信号一发布，省级电力调度部门就会根据次日错峰方案，确定错峰客户群组，通知深圳供电局。将错峰信息发给错峰客户后，再进行错峰，并保证错峰量满足调度下达的指标。

2010年以来，深圳电网负荷屡创新高，深圳供电局一方面争取省网电力供应指标，增加港电输入，另一方面则充分利用大负荷控制系统，对客户错峰进行监测，确保有序用电方案的有效落实，并让商业企业参与错峰计划。

第四章　渐入佳境

深圳地方电厂的发展与兴衰

在深圳的电力发展史中，曾经有两个较大规模的燃油电厂建设时期。一个在新中国成立初期至与省电网联网之前。另一个时期则是近10来年的事，在此时兴建起来的中小型燃油电厂，是在广东缺电严重的形势下兴建的应急型电厂。在这一时期，深圳先后兴建了15间燃油电厂，总装机容量达322.8万千瓦。

在这15家电厂里，最大为南山电厂，最小为南油基地电厂，经营方式既有单位独资，也有内联方式，但更多的是与外商合作经营，15家电厂里有外商参与的就有13家。这些电厂大部分接入深圳电网110千伏系统，也有小部分直接接入10千伏系统，并由深圳供电局统一调度。

在度过了严重缺电时期后，为了提高中小型燃油电厂的发电效率，减少有毒气体排放，从2000年开始，深圳着手对地方燃油电厂小型发电机组进行“以大代小”改造。另一方面，由于国际燃油价格逐年上涨，燃油电厂的发电成本节节攀高，至2007年，深圳地区仅存8家燃油电厂。

除了燃油电厂外，深圳还有4家燃煤（气）电厂，均为大型发电厂，它们是深圳沙角B电厂、东部电厂、妈湾电厂和西部电厂。与燃油电厂所不同的是，它们所发电量由广东电网统一调度。值得一提的是，沙角B电厂是深圳最早利用外资，以所谓的BOT（建设、营运、移交）方式中港合作建设和经营的大电厂。按照中港双方所签订的合同规定，沙角B电厂的合作经营期从1988年4月1日开始至1998年3月31日终止。合营期满后，由于沙角B厂累计电量为达到合同要求的60%，经双方协议统一将合营期延长至1999年6月30日，并由中方支付一定数量人民币补偿。

1999年9月7日，深圳市能源集团公司与合和电力（中国）有限公司举行电厂移交仪式，至此中国首例以BOT方式建设的电力工程项目圆满结束。移交后的沙角B电厂为国有股份制企业，深圳市能源集团拥有65%的股份，广东电力集团占35%的股份。此外，深圳还有一些小水电，既有省属、县属，也有乡属，其中以区（乡）投资建设居多。在经历了20世纪七八十年代的建设高峰期后，随着深圳土地被大片开发，原来植被遭到较大破坏，大部分水电站陆续停止或退出运行，目前仍在运行的有4家，它们是：三洲田一级站、汤坑站、红花岭站和碧岭站。

□20世纪90年代末，深圳处处都是热火朝天的建设景象，电力需求急剧增加。

取消“中间层”　告别高价电

现在的深圳电网，实行同一张网，统一收费标准。其实在1998年以前，深圳供电局为了实现这个目标，花了将近8年的时间，取消用电管理中间层。

在改革开放初期，由于电网建设滞后，电力建设资金严重不足，集资办电成为了一种可行高效的方式。1983年，在现国贸大厦一带当时称为罗湖小区的高层楼宇建设，在深圳市政府的主持下将近封顶，然而罗湖小区的公用配电站及各大厦配电室建设资金却无从落实。为解燃眉之急，市政府要求深圳经济特区房地产公司预付国商、罗湖两大厦的电气建设资金，今后以抵缴财政任务的办法来解决。先例一开，全市很多工业小区、公共住宅小区和高层楼宇均由政府投资或由开发商投资，集中配套建设，建成后集中维护管理，用电管理“中间层”由此产生。在此之后，深圳市政府形成了“谁投资、谁开发、谁管理、谁受益”的不成文政策。

随着时间的推移，用电“中间层”数量不仅越来越多，在收费和管理上的不规范行为也开始显露出来。依据1997年的调查所得，“中间层”收取电费平均每千瓦时比全市平均水平高0.356元，按年转供电量31亿千瓦时计算，就相当于企业和居民多付出电费约11.2亿元。

这种“中间层”乱收费现象，逐渐激起了企业和市民普遍不满，一度成为投诉热点问题，深圳市政府对此也极为关注。早在1991年，就曾提出取消用电管理“中间层”，但当时并未制订出一套完整的政策和措施，收效甚微。从1992年到1996年，深圳供电局仅接管了由政府集中兴建的公共住宅区76060户。

1996年底，时任深圳市委书记厉有为明确指示，要求全面取消用电管理“中间层”。1997年9月1日，深圳市成立了取消用电管理“中间层”领导小组，各区人民政府、深圳供电局随后也成立了相应的组织机构。同年10月12日，深圳市政府发出《关于在全市实行用电统一抄表到户的通知》，全市范围内全面取消用电管理“中间层”工作启动，并形成了“绕过产权，抄表到户，统一打单，价费分离，按照深圳市物价局核定的电价标准收费”的工作思路，由深圳供电局按照全市统一电价标准向用户收取电费。

到1998年底，全市取消用电管理中间层1389个，由深圳供电局接管终端用户794709户，作为深圳市政府1998年度为民办十件实事之一的取消用电管理“中间层”工作基本上按计划完成。通过取消用电管理“中间层”，减轻了企业和市民负担，改善了深圳市的投资环境和生活环境，规范了电力市场，从根本上治理了电价高和乱的现象。这些成果，为从1998年开始的“两改一同价”（农村电力体制改革，农村电网改造，同一电压等级、同一用电类别实行同一电价标准）工作奠定了基础。

由“技”工到“精”工的演变之路

1989年，深圳市在全国率先推行“无人值守变电站”，在电网调度自动化系统的不断延伸改造之下，以往驻守在各变电站的技术人员，突然必须直面供电专业这一老本行以外的英语、计算机等新技能。20年过去了，他们究竟是如何从“技”工一步步走向“精”工的?

老员工注重提升新技能

220千伏梅林变电站的老员工王文意，是1990年分配到该站的供电专业大学生。“当时站里包括我就是七八个员工，大家分24小时轮班，就管理梅林这一个站。”王文意回忆，那已是电网调度自动化改造启动后的第四年，之后的几年内，梅林变电站也在逐步开展电网自动化改造，更换了许多新设备、新软件，对员工的技能要求也越来越高。

据了解，1987年至1992年期间，深圳电网首次引进的高科技SCADA系统，国内尚无经验可以借鉴，如何完全掌握系统的安装、调试和应用等各项技术，对于要负责电网调度和管理的变电站技术人员们而言，是个不小的挑战。

“系统本身要求使用者既要懂电力又要懂计算机，应该是综合型人才。记得以前关于设备的资料都是英文版本，大伙儿就扎堆学英语。”王文意称，不仅如此，包括梅林变电站在内的深圳供电局的其他单位和部门也都在不断开展多样式的技能培训，大伙儿可谓求知若渴。

新员工讲究“集合型”

1994年，梅林变电站完成电网调度自动化改造，并成为福田最重要的中心变电站，管辖着4个无人值守的220千伏和17个无人值守的110千伏变电站。

2008年来到梅林站的陈泽剑，是华中科技大学电气工程与自动化专业的本科毕业生，他说，“目前的电网调度自动化系统已经历了三次改造升级，通过实践，我将大学的理论知识转化成应用，但目前仍需要积累经验，继续提升。”

陈泽剑是近年来深圳供电局招收的集合计算机、电力和自动化专业于一身的集合型人才之一。包括他在内，每天都有大量的新老技术人员，奋斗在电网自动化系统的一线，精心监测着关乎百姓生活的数万条电网信息，为我们的用电安全保驾护航。

坚固电网　直面台风来袭

深圳地处沿海，每每台风来袭的季节，电网也要直面雷击、台风的严峻考验。如何稳健抵御自然灾害事故，如何将损失降至最低，如何确保供电稳定，供电部门正以日益坚实的臂膀和周密扎实的应急预案，迎接着一次次台风的挑战。

化解雷电流　抵御雷雨天

深圳每年的雷电日均超过70个，为了能将雷击造成电网线路的损失降到最低，供电部门致力于采取多种办法：针对10千伏及以下的配电线路，在配电变压器、电缆入口段都安装了避雷器保护设备；35千伏线路是在线路两侧1.5米—2.0千米范围内设置架空避雷针，万一雷电落在离变电站较近的线路上时，架有避雷线的一段线路，就能将雷电流减少到最低程度，不致损坏变电站设备。而对于110千伏及以上线路的防雷，则是全线采用双避雷线架设。

绝缘避雷　提高线路耐雷水平

1990年以来，雷击天气导致的电网线路跳闸并不少见，虽然大多数跳闸都能重新合拢，但为了能提高线路的耐雷水平，深圳供电局采取了一系列改进措施：如1997年以来，大部分线路都更换了绝缘设备，尤其在山区或高土壤电阻率地区，还加强防雷的区段，安装线路中间避雷器，并加装了包括消雷塔、可控放电避雷针等等。

由于深圳地处沿海，属盐碱性腐蚀严重地区，定期做好变电站地网电阻测试非常重要，运行10年以上或地处腐蚀严重地区的变电站接地网，都要挖开检查。至2000年，深圳供电局已对110千伏春风、黄贝岭两个变电站10千伏系统中性点加装了中直接地电阻接地，取得了良好效果。

扎实准备　直面台风来袭

台风多发，曾使深圳电网蒙受惨重损失，1984年的9号台风一度使深圳农村电网陷入瘫痪状态，全市农村10千伏线路全部无法送电，1997年10号台风导致110千伏及以上线路跳闸8条次，10千伏下路跳闸120条次。

在吸取了台风来袭时的经验之后，深圳电网近年来采取了包括加大电网设施安全系数、加固杆塔基础等方法来抵御台风袭击。目前，每每台风来临之前，供电部门都会预备好抢险救灾人员、车辆、救灾物资，以便在台风期间或台风过后，以最快速度抢修受损的电气设备，减少灾害造成的损失。

第五章 奔向辉煌

深圳变电站建设：既有“特区风格”又有“深圳速度”

深圳地少人多，用电负荷密度高达560万千瓦/平方公里，位居全国首位。如此高的用电密度，意味着每两公里半径范围内就需要有一座110千伏变电站去供电。深圳真正进入大规模电网建设是在1979年建市后至2000年底，这21年间，深圳电网先后建成了50座110千伏变电站，其中，属深圳供电局管辖的有48座，由蛇口工业区出资兴建并管理的有2座。其间，220千伏、500千伏电压等级变电站相继出现，深圳电网成为拥有110千伏、220千伏和500千伏的完整电压等级的城市电网。

进入新世纪以来，深圳电网又迎来了输变电设施建设的第二个高峰。到2007年底，深圳电网共建成投运了73座110千伏变电站、27座220千伏变电站和5座550千伏变电站。据统计，仅2005年至2009年期间，深圳电网新增变电容量达2505.2万千伏安，超过了之前25年来电网建设的总和，相当于5年再造了一个深圳电网。

在电网建设的“深圳速度”下，如何协调用电紧张和电网建设用地难题呢？这就要数深圳变电站独有的“特区风格”了。基于深圳电力负荷增长快、负荷密度大、用地紧张等特点，在变电站建设风格上，为了节约用地，减少变电站占地面积，深圳的110千伏变电站除主变压器露天放置外，一次设备均采用户外设备户内安装的方式，城区内变电站因为用电负荷相当集中，在站址选择上则尽量靠近负荷中心，以确保有效的供电半径。另外在设备选型上，90%以上选用紧凑型、组合型进口设备，大大节约了设备占地面积和空间，如罗湖变电站，引入了日本三菱公司较为先进的SF6组合电器，变电站用地仅为常规变电站的一半。

在做好节约用电的基础上，深圳变电站建设还特别注重总体布局与周边建筑物外形和周围环境协调，在临街位置的变电站，采用露台、挑廊、小型户内庭园布置等，注意与户外街道景色相呼应，在园区内则更加注重绿化设计，保持环境协调。

近年来，深圳供电局更是着力打造绿色电网，在光明新区开展20千伏电网的试点，进行电压层级优化，取消110千伏电压等级，采用220直降20千伏，是全国第一个采用220直降20千伏的电网。为进一步推进绿色变电站的建设工作，在新建工程中，深圳供电局还对城市中心区的变电站进行节能降耗、降低电磁和噪声干扰等方面进行绿色改造。改造后的变电站能耗将减少30%，噪声将降低20%，相邻居民区的电场强度、磁感应强度分别达5伏/米、0.16微特，大大低于国家规定的4千伏/米、100微特的限值，变电站更环保，更贴近市民生活。

电网“心脏”紧盯输电脉络 实时掌控全市电力供应

在山峰上，在高速公路边，在市区内，你有没有注意到那一条条由高高的铁塔架起的纷繁交错的电线，就是它们为全市各地输送着源源不断的电力。而在这纷繁复杂的线路背后，有这样一群人，他们身处供电网络的“心脏”，时刻关注着脉络上每一个细小节点，并通过智能化的科学调控，确保全市电量的供需平衡。

输电网络是电网“主动脉”

“这里是我们整个输配电网络的‘心脏’，穿越在变电站和负荷中心之间的输电网络，是我们日常供电的‘主动脉’。只有保持主动脉畅顺，整个网络才有活跃的‘血液’流动。”走进深圳供电局电力调度通信中心，展现在眼前的，是显示各种实时信息的超大屏幕，屏幕的一角显示着一张由不同粗细、不同颜色的线条交织相连而成的深圳网架结构图，其中最醒目的“粗线条”，正是高压输电线路。

据深圳供电局调度监控分部副主管程韧俐介绍，高压输电线路主要是指110千伏及以上电压等级的线路。外地或本地的发电厂发出的电通过升压后经由这些高压线路，输送到分布在全市各地的变电站，然后再经过逐级降压，最终传输给各家各户。

各地电量可远程分配

“随着深圳电网结构的日益完善和科技水平的提高，深圳电网的智能化水平也越来越高。例如，我们发现某个地区的用电量不大，就可通过‘心脏’远程调控，将多余电力，输送给附近需要的区域。同样，一旦这条线上的负荷达到或超过极限，我们又能将别处的电流拉过来，平衡整个输电网的供求。”程韧俐介绍。

深圳电网包含在广东电网之中，与周边的东莞、珠海等市的输电网络紧密相连。一旦兄弟城市电网喊“渴”，深圳可远程调配电量给对方。同样，当深圳用电负荷增大时，兄弟城市的输电网络也可实现远程“赞助”。

第一时间发现线路“症状”

“一旦哪条输电线路发生故障，调度监控系统会自动发出警报，调度人员可以第一时间掌控输电线路及变电站设备的‘病症’，并及时通知相关人员现场查找具体的‘发病’原因。”程韧俐解释道，现场发现故障点并隔离后，调度人员可以立即通过远程操控转供电的方式，对故障点以外的用户恢复供电，从而大大减少了客户停电时间。

配电网上“绽放”的万家灯火

如果说电网铁塔高高撑起的输电线路是我们全市电力供应的“主动脉”，那么分布在街头巷尾百姓家中的配电线路，就是电网的“毛细血管”。在深圳供电局彻夜忙碌的电力调度通信中心，配电网络的技术人员，24小时丝毫不敢懈怠地关注着千家万户的用电稳定和安全。

24小时时刻关注每户用电状况

“目前深圳市10千伏线路达4713条，用电客户多达235万户。”深圳供电局配网调度执长郑小春向我们展示着配网自动化系统上密密麻麻的配电网结构图，这些细小的犹如毛细血管般的线路，直接“伸”入用户家中。

和输电网络关注110千伏及以上等级高压线路不同的是，配电网络主要关注的是10千伏及以下的中低压线路。配网调度的工作人员通过对配电网络系统24小时不间断的监控，时刻关注着所有10千伏设备和线路的运行状况，确保全市235万用电客户的安全和稳定。

每个线路开关他们都熟记于心

“通过配网自动化系统，工作人员可以直接对配网设备进行遥控操作，如远程重合闸操作等。”郑小春介绍到，通常新员工刚开始接触配网调度时，他们都必须在最短的时间内熟悉全市所有配网线路和设备的地理位置分布

□今日灯火辉煌的东门。

和结构，哪怕细微到一个开关他们都熟记在心。

“只要清晰地了解线路的走向和结构，一旦线路出现异常，我们就能立即通知抢修人员准确到达故障点。”他解释道，作为一个高效的平台，配电网络能实现与抢修中心的无缝对接，在统一调度的原则下，实行专业化的分级管理，可让全市235万用电客户得到更为稳定、安全、优质的电力供应。

故障诊断配网自动化系统显神通

“一旦配网设备或线路出现故障，配网自动化系统会自动显示报警信息，我们可以通过遥测和远程控制，对故障原因进行诊断，从而分析得出故障抢修的方案和时间。”郑小春介绍，如今的配电网络都采用环网接线，这种方式可以有效减少设备故障引发的停电，缩小影响范围，从而提高全市的供电可靠率。

配电环网“手拉手”老百姓用电更可靠

如今，穿梭在千家万户中的配电网络，正通过“手拉着手”站成圈的形式逐步实现“环网运行”。圈儿上站着的人代表用电客户，伸出的臂膀代表配网线路，紧紧相握的双手犹如开关，在交握的瞬间，电能源源不断向客户传递。一旦线路出现故障，圈儿上还能实现邻居间的互助互援，相连两手“自动”分开，以隔离故障点，另一条相邻的臂膀伸手相援，确保客户最快复电。

缩小故障影响范围

“最早我们采取的是单电源树状结构线路，如遇上用电高峰，一个用电接点出现故障，故障点后面的住户就无法正常供电了。”深圳供电局配网调度执长郑小春介绍到，“手拉手”的环网结构形成后，若某一个接点出现故障，系统会自动隔离故障点，其他接点的客户不受影响。

据介绍，20世纪80年代中期开始，全市城网供电线路逐步实行“电缆化”，为缩小在检修和事故时涉及居民停电范围，技术人员会根据附近片区的负荷大小和线路长短，科学安排环网开关柜的位置和数量。

一条干线犹如双路供电

“现在的供电稳定多了，就算偶有停电，只要不是啥大故障，很快就能复电。”市民朱慧是沙井街道上南社区的居民，从80年代担心供电不稳到如今对供电“安枕无忧”，充分验证了深圳市配网环网化运行后的巨大保障作用。

据郑小春介绍，跟百姓密切相关的“环形配电网”，其实是由供电干线形成的一个闭合环形。电源向环形的干线供电，干线上通过高压开关向外配电。配电支路能它的左右两侧干线取电源。任何一条干线出了故障，都能从另一侧干线继续得到供电。这样一来，每个配电支路像是双路供电了。

打造更可靠的配电网络

郑小春还介绍，为进一步提高供电可靠性，供电部门正在全市开展配网自动化改造，通过配网自动化系统就可以自动隔离故障区段、自动恢复非故障区段的供电能力，从而达到缩小停电范围和减少用户停电时间、提高对用户供电可靠性的目的。目前，福田区已率先完成了配网自动化改造，其他六区正在进行中，预计明年可全部完成。

看不见的输电线路原来“躲”在地下

当你走在深圳街头，只要稍加留意就会发现，一些内地城市遍布的水泥杆和蜘蛛网般的输电线路，在深圳几乎难觅身影。实际上，贯穿深圳的输配电线路就默默“躲”在地下，用更专业的话说，深圳早已基本实现了“电缆化”了。

电缆沟与市区建设同步

“除了铺路，我们还要求建设电缆沟，我就纳闷呢，电线不是挂在电线杆上，怎么还得从地下走啊？”张辉是最早来深援建的工程兵，回忆起当年，老人依然兴致勃勃。

据有关资料显示，深圳建市之后，最早的城市规划就特别关注电缆化问题，电缆沟的建设被纳入市政建设，与市区街道同步建设。此外，因深圳的地形依山面海，唯有西南沿海和珠江口一带适合城区建设，当时深圳用地紧张，出于能源节约的考量，电力、通讯等线路，都采用地下走线的方式。

“其实电缆沟和道路同时施工同时竣工的建设方式是很超前的，避免了二次施工开挖道路的不便，也减轻了电力部门的负担。”张辉称。

电缆性能优于电线

“地上看不到电线杆和电线，的确给市容加分，不过电缆到底较普通电线好在哪里呢？”市民刘永生是一名80后来深建设者，对于电缆和电线的区别，他依然纳闷。

深圳供电局的技术人员介绍，电线是由一根或几根柔软的导线组成，外面包以轻软的护层，而电缆则是由一根或几根绝缘包导线组成，外面再包以金属或橡皮制的坚韧外层。比如我们现在在全市使用的电缆，都具备了输送容量大、损耗小，还兼有安装、运行维护简单等优点。

看不见的“电缆”

经过20多年的建设，电缆沟已遍布深圳的大小街道。据史料记载，截至1999年，深圳市电缆长度已达327.07千米，电缆隧道达3千米。2001年到2007年短短7年时间内，深圳电网采用的110千伏及以上等级电力电缆，总长已达到了236.411千米，站内电缆4.121千米。

或许你并不知道，每天你走过的人行道下，抑或某个街角的水泥盖板底，正是为这个城市输送着光和热的电缆线路，它们默默无闻心甘情愿，隐藏在众人看不见的地下。

停电预协商服务实现企业与客户双赢

在不少人的印象中，停电似乎都是不可预计的。然而近年来，供电部门服务水平不断提升。时至今日，他们不仅能确保每位客户及时获知停电信息，而且还能主动与客户接触，共商停电计划，千方百计降低计划停电对客户的影响，实现供电企业与客户的双赢。

停电时间提前协商

所谓预协商服务，是指因电网设备检修、工程施工及客户主动申请需要安排停电计划时，供电部门事先会跟客户共同协商停电时间，然后将停电计划报电力调度通信中心审批，再将审批通过的停电时间安排提前7天通过投递告知单、电话告知及网站公告等多种方式告知停电受影响客户，若客户发现生产任务与停电时间相冲突，双方可再进一步进行协商，直至双方满意为止。

早在2008年的国庆节前，因地铁施工需要，深圳供电局欲对少年宫F41号线路进行停电施工。因该线路上涉及到华强北商圈用电，当时适逢黄金周，本着“停电作业和商家营业两不误”的原则，福田供电局与企业共议之后，制定了新的停电方案。最终从商场营业时间考量，将地铁停电施工的时间，更改为凌晨1时至上午7时。这次夜间施工最终在清晨5时30分就顺利完成，华强北商圈的所有经营活动，丝毫未受地铁停电施工的影响，实现了供电企业与客户的双赢。

计划停电综合管理效果更佳

外部服务的改善来源于内部管理制度的变革。早在2005年，深圳供电局金基民局长就提出了“电网建设为生产运行服务，生产运行为市场营销服务，市场营销为广大客户服务”的内部服务链思想，从而确立了深圳供电局“以客户为中心”的服务理念。

秉承着这一理念，深圳供电局各部门之间力往一处使，共同为客户着想，为客户服务。为切实减少客户的停电时间，深圳供电局还出台了综合停电管理制度，即由原来的一项任务安排一次停电，到现在的多项任务综合在一起只安排一次停电，从而实现了综合停电管理的效益最大化。

严防外力破坏 力保电网安全

市民日常供电的稳定，有赖于电网输电线路的安全可靠。可是，无法预估的外力破坏，却无时不在威胁着电网安全。多年来，深圳供电局始终保持着高度的警惕性，严防外力破坏，加密隐患排查，确保市民用电安全。

外力破坏带来电网安全隐患

除雷雨、台风等自然因素外，线路保护区内违章施工及违章建筑、保护区内高杆植物及电力设施被盗等外力破坏因素是长期影响输电线路安全运行的第二大因素。输电线路因外力破坏发生跳闸事故后，重合闸成功率极低，给电网可靠运行造成严重威胁。

2009年以来，因违章施工及违章建筑等外力破坏造成线路跳闸25次；发生电力设施被盗518起，造成直接经济损失357万元。各种类型的外力破坏给电网安全运行造成了极大的隐患。

针对外力破坏专项整改

除人为影响因素，高杆植物、飘浮物、山火和鸟害等，也是影响电力设备和电网安全的主要形式。

针对深圳的特殊性，深圳供电局致力于开展输配电线路防止外力破坏综合整治，并重点针对这些原因制定了专项整改措施，确保降低线路外力破坏事故次数和影响。

□加强巡线，深供人深情守护万家灯火。

专项整改措施当中，深圳供电局对线路易受外力破坏区域进行了详细的界定和划分，制定相应的防范措施，同时，加强了线路的巡视工作，有时甚至做到一天一查。

多项措施减少外力破坏

2010年，深圳供电局采取多项措施，加强外力破坏防治工作。如加强对线路保护区内安全隐患进行排查，建立线路风险档案并加强监控；加强对外协调，与市公安局、城管局、公路局、安监局、护电办及新闻媒体单位加强沟通合作，争取政府最大的支持；建立长效机制，在输配电线路频繁外力破坏及被盗区域研究开展“群众护线”等群防群治工作，落实防盗螺栓安装、在线远程可视化监控、线路保护区市政工程施工安全措施及防盗盖板等各项技防措施。

分级预案助力电网安全度汛

每年的汛期当中，极端的暴雨、台风无时无刻不威胁着深圳电网的稳定运行，在早动员、早部署、早安排、早落实之下，深圳供电局通过多重预案应对台风，保证深圳市民的生产生活用电，保证电网安全度汛。

防风防汛分级预警

深圳市所处纬度较低，属南副热带季风气候，濒临南海，常遭受台风、暴雨侵袭，是洪涝、台风灾害多发地区。多年来的抗台风经历，让深圳供电局拥有一整套完备的防风防汛预案。

保障电网稳定是防风防汛的重点，深圳供电局与市三防指挥部紧密联系，并与深圳市气象台加强沟通，建立气象信息查询发布平台，各级人员可以在第一时间掌握气象信息，及早发出预警，果断启动应急响应，部署有关工作，尽最大努力减少灾害损失。

为让预警机制有标准可循，深圳供电局将台风、暴雨、大风预警级别进行划分及信号定义，其中深圳供电局防风防汛预警级别分四级响应：Ⅰ级（紧急，以红色标示）、Ⅱ级（严重，以橙色标示）、Ⅲ级（较重，以黄色标示）、Ⅳ级（一般，以蓝色标示）。不同级别的台风和暴雨来袭，都可根据不同级别响应给予方案支持。

提前部署杜绝隐患

抗台风，首先要完备防风防汛物资配置。每年汛期前，深圳供电局就要展开防风防汛部署，明确深圳供电局各岗位职责，并制定深圳供电局汛期防风防汛值班表，梳理三防通讯渠道，确保汛期信息传输畅通，并及时修编《防风防汛应急预案》,让预案在汛期来临时更好地发挥作用。

同时，定期检查各项防汛工器具是否足够、完备，开展防止雨水倒灌、山体滑坡等可能危及变电站和线路电力设备的汛期隐患检查。

积极抢险将损失降至最低

灾害天气来临前，局三防办会及时组织会商，按职责范围，决定响应级别变更或提出应急响应级别变更的建议。各设备管理单位管辖范围内出现险情时，本单位会立即组织抢险队伍开展抢修、抢险工作，必要情况下，由局三防应急指挥中心批准调配其他抢险队伍提供支援。

面对频繁的灾害，深圳供电局依据应急机制全力处置，经受住了一次又一次严峻的考验，确保了电力的安全可靠供应，确保了深圳电网安全度汛。

□深供人支援阳江抗风复电，奋力救灾。

引进新能源
打造低碳环保新理念

从20世纪开始逐步走入百姓家的节电技术，正以潜移默化的速度，更替着我们的生活，新能源的加入，更是让生活愈加低碳环保。深圳供电局在致力于“十一五”节能减排目标的同时，以主动承担社会责任为宗旨，以低碳环保理念为核心，全力打造全方位的节能服务绿色体系。

电动汽车驶进新能源时代

位于福田交通枢纽的电动汽车充电站建设工地，是深圳规划建设的第三个电动汽车充电站，早在2009年12月25日，龙岗大运中心充电站和和谐充电站两个电动汽车充电站及134个充电桩的建成，预示着新能源以全新面貌走入我们的生活。

据资料介绍，新能源汽车以每百公里电耗计算，其成本为15.1元，是目前燃油汽车的31%，按每升汽油的碳排量为2.2千克计算，每百公里可减少碳排量17.6千克，因而新能源汽车具有明显的经济性、环保性优势。

根据规划，到2012年，深圳市将推广使用新能源汽车（包括混合动力汽车、纯电动汽车和天然气汽车）2.4万辆以上。届时，深圳供电局还将建设公交大巴充电站50个，公务车充电桩2500个，社会公共充电站200个，充电桩

□为深圳首批电动出租车充电。

10000个，以满足充电需求。

落实节能城市推广新能源

自2009年3月深圳市被确定为全国首批节能与新能源汽车示范推广城市以来，深圳供电局就加大支持力度，成立了以局长为组长的促进新能源汽车产业发展的领导小组和工作小组，专门研究相关工作的部署，服务新能源汽车的发展。2010年以来，深圳供电局积极服务深圳经济建设，服务低碳经济，从开展客户节能诊断服务、推进合同能源管理等七大方面全面推进节能服务绿色行动，研究利用新能源，打造智能电网，方便市民享受绿色环保的电能。

企业节能服务节电效果显著

2008年以来，深圳供电局大力推广合同能源管理运营模式，努力构建地区合同能源管理节能服务平台。2010年，广东电网公司重新核定符合条件的2010年节能服务公司推荐名单中，深圳供电局3个节能示范项目入选“2009年广东电网公司最有影响力的十大节能服务示范项目”。

打造绿色电网　共创和谐环境

奋战在节能减排战线上的深圳供电局，近年来更是加大力度研究利用新能源，打造智能电网，让越来越多的人享受到绿色环保、优质高效的电能。

绿色电网与居民和谐共处

所谓绿色电网，一个重要标志就是电网的建设要与周边环境和谐一致，即通过技术、管理等领域的创新，在新建或改造电厂、变电站及线杆线塔的过程中，降低其对城市景观和环境的影响，实现节地、节材和节能降耗，并努力与周边环境协调一致，实现电网设施与城市、自然及周边居民的和谐共处。

据介绍，为保障龙岗大运会期间可靠供电，深圳电网共需建设18个大运会重点输变电项目。这些输变电工程均按照绿色电网的理念进行规划和设计。

优化周边环境减少影响

2010年5月初，深圳供电局启动“智能电网”示范区的规划建设工作，并开展了储能电站、电动汽车充电站、分布式电源接入、智能配电网等方面的科技研究，为该示范区的具体建设工作解决技术难题。

据介绍，除了节约土地、节能外，在变电站建设中，深圳供电局在遵循南方电网标准设计的基础上，优化设计

□晚报小记者参观节能展示厅。

方案，注重保护周边自然植被、自然水域、水系、自然景观等，优化建筑物和绿化的隔声、消声、吸声等效果，同时选取噪声小、电磁干扰水平低的设备，减少对社会和环境的影响。

深圳电网三招“保绿”

●占地更少

选择变电站站址尽量利用荒地、劣地，不占或少占经济效益高的地。尽量缩短供电半径，减少变电站数量。采用大容量变压器，最大化利用变电站用地。

●节能更多

合理配置无功补偿设备，降低电能损耗。采用大截面导线等先进技术，提高环保水平。提高变电站建筑物节能效果。

●污染更少

在市中心区布置半地下变电站。变电站建设施工期间，设备堆场、沙石清洗等工地排水要先沉淀后排放。项目建成后，环保设施与主体工程要实行同时设计，同时施工，同时投入使用。

附录　深圳电网大事记

1980年：深圳供电局正式挂牌

深圳供电局的前身是宝安县供电公司，当时是一个趸售县。1979年，深圳撤县设市，省里下文在原宝安县供电公司基础上设立深圳市供电公司。1980年3月改称深圳供电局，8月正式挂牌，全局不到100人。

1983年：台风吹倒深南路全部电线杆

特区建立初期，深圳电网非常脆弱。1983年，一场台风，将深南路上的电线杆全部吹倒了，深圳的电力供应几乎陷入瘫痪。后来，深南路的电路改造了4次。由于深南路拓宽，电线杆也一直往外移，当时的电线杆在现在深南路中间的位置。第四次改造之后，架空电线被改成了电缆埋入了电缆沟，深南路上空的电线就看不到了。电缆入地，深圳供电局是全国第一家做的。

1985年：首个打破国标

1985年，深圳特区发展飞速，用电负荷急剧增长，每新投产一个变电站就迅速过载。当时按照国标，国产变压器最大容量是3万千伏安，根本无法满足需求。深圳供电局开全国先河，找外国厂家设计了第一个非国标的5万千伏安变压器。1993年前后，这一标准晋升为国家标准。

1988年：电网自动化震惊电力部领导

1986年，深圳开始了电网自动化建设。到1988年，110千伏宝安、南头变电站实现了遥控、遥信（通信）、遥测、遥调（调度）的“四遥”操控，实现单人值班。一年后，110千伏中航、莲花山变电站实现了无人值班，在全国第一个建立起了可远程操作的自动化电网。这一举动震惊了国家电力部领导，并派专员视察，他们看完后拍着桌子说：“这才是真正的自动化，全国就你们一家！”

1998年：率先全国实现同网同价

1998年，国务院提出从1999年开始用三年左右时间，通过改革管理体制，最终实现城乡用电同网同价。同年，深圳市委市政府痛下决心，取消用电“中间层”成为了当年度深圳市委市政府为民办十件大事之一。供电局随即与市政府签订“军令状”，制定出“绕过产权，抄表到户，统一打单，价费分离，统一定价”的方法，到1998年年底，基本实现全市城乡直接抄表到户，率先实现用电同网同价。

2005年：投产变电容量全国最高

2005年，深圳电网新增变电容量753万千伏安，创下当年全国城市电网投产变电容量之最。至此深圳电网进入了飞速发展的时期，新增电网变电容量百分比平均每年均以两位数字增长。至2009年，深圳电网变电容量已达5169万千伏安，与2004年的2363万千伏安相比，翻了一番多，即5年来新增变电容量的总和等于过去25年的建设总和，相当于用5年时间再造了一个深圳电网。

2007年：成为全国第四大城市电网

2007年，深圳电网最高负荷突破1000万千瓦，达1010.8万千瓦，深圳成为全国继北京、苏州、上海后第四个、南网五省区第一个电网负荷超千万千瓦的城市，而深圳的面积仅为上述城市的1/6—1/7。时任南方电网公司董事长称“这是一个十分耀眼的指标”。

2008年：众志成城抗冰救灾

2008年春天，南方遭遇百年一遇冰冻灾害，电力供应受严重影响。深圳供电局发扬一方有难、八方支援的精神，调集了1200名抗冰救灾复电队员，第一时间赶赴贵州、韶关、清远等抗冰复电一线，以“特别能吃苦、特别能战斗”的特区供电人精神，为灾区人民送去了光明和温暖。

2009年：全面实现国内领先

2007年4月，南方电网公司、广东电网公司确定深圳供电局为创建国际先进水平供电企业试点单位，要求深圳供电局用3—5年时间与国际先进水平接轨，为中国电力企业发展做出标志性贡献，从此深圳供电局迈向了卓越的历程。经过两年的努力，深圳供电局八项关键业绩指标已全面实现国内领先，其中电网安全性、实际线损率、人均售电量、百万客户投诉量等四项指标更达到了国际先进水平。

2010年：加快建设电动汽车充电站（桩）

2009年年底，南方电网公司首批电动汽车充电站（桩）在深圳投运，引起国内同行广泛关注。2010年，深圳被列为全国低碳示范城市试点。深圳供电局为支持低碳经济建设，将电动汽车充电设施纳入电网统一规划，并将充电设施建设内容同步写进小区规划，计划到2012年建成电动汽车充电站50个，充电桩2万余个，开启了深圳的电动汽车时代。